Mara Andeck

Wenn Liebe die Antwort ist, wie lautet die Frage?

Lilias Tagebuch

BAUMHAUS TASCHENBUCH
Band 1103

Dieser Titel ist auch als E-Book erschienen.

Vollständige Taschenbuchausgabe
der im Boje Verlag 2014 erschienenen Hardcoverausgabe

Copyright © 2017 by Bastei Lübbe AG, Köln
Umschlaggestaltung: Christina Seitz, Berkheim
unter Verwendung von Motiven von © shutterstock:
Norbert Rehm | Lucie Lang | Jiri Hera | Neil Overy | TerraceStudio |
Artter | Africa Studiov | Julia Zakharova | Kozlenko
Vignetten: Carolin Nagler, München
Satz: Helmut Schaffer, Hofheim a.Ts.
Gesetzt aus der Adobe Caslon Pro
Druck und Verarbeitung: CPI books GmbH, Leck - Germany

ISBN 978-3-8432-1103-1

2 4 5 3 1

Sie finden uns im Internet unter
www.baumhaus-verlag.de
Bitte beachten Sie auch www.luebbe.de

Ein verlagsneues Buch kostet in Deutschland und Österreich jeweils überall dasselbe.
Damit die kulturelle Vielfalt erhalten und für die Leser bezahlbar bleibt, gibt es die
gesetzliche Buchpreisbindung. Ob im Internet, in der Großbuchhandlung, beim lokalen
Buchhändler, im Dorf oder in der Großstadt – überall bekommen Sie Ihre verlagsneuen
Bücher zum selben Preis.

Für meine Töchter

Freitag, 24. Juni

Ich bin zu jung für einen Freund? Hallo??? Ich bin sechzehn! Shakespeares Julia war dreizehn, als sie sich in Romeo verliebte und ihn einen Tag später heiratete. Dreizehn!!! Genau wie Shakespeare musste Paps ein Drama daraus machen. Nur, das von Shakespeare war Weltliteratur, das von Paps voll daneben.

18.00 Uhr Man merkt's, ich bin wieder zu Hause. Mensch, war das ein Absturz heute. Morgens noch Inselparadies mit Tom, abends schon wieder Alltagshölle. Rosarotes Schweben auf Wolke sieben und dann flatsch, Bauchlandung auf dem harten Boden der Tatsachen. Das. Ist. Nicht. Schön.

18.08 Uhr Ich bin zu jung? Rein biologisch betrachtet bin ich mit sechzehn auf meinem absoluten Leistungshoch. Mehr kommt nicht! Hirnzellen, Kondition, Fruchtbarkeit – alles im Optimum, das kann man in jedem Bio-Buch lesen! Ab zwanzig geht es abwärts und mit fünfundvierzig, lieber Vater, befindet man sich kurz vorm Tiefpunkt, um es mal freundlich auszudrücken. Wären wir noch Höhlenmenschen, dann würde ich jetzt mit einem Festritual zur Kriegerin oder Stammesführerin ernannt werden. *Du* aber, Papilein, hättest keine Zähne mehr und müsstest dir vorm Essen dein Mammut mit dem Faustkeil zu Brei zermanschen. Nur mit viel Glück hättest du noch ein paar Jahre als Medizinmann vor dir und könntest unserem Stamm die Zukunft aus Knöchelchen vorhersagen. Denk da mal drüber nach, bevor du anderen vorwirfst, zu jung zu sein.

18.19 Uhr Ja, das könnte ich Paps sagen. Aber ich lasse es lieber, in seinem Alter ist Aufregung nicht gut. Ich werde ihn einfach seine Laune ausmiefen lassen und inzwischen mein Ding durchziehen. Soll er ruhig im Wohnzimmer rummuffeln. Ich werde nachher mit Tom skypen und vielleicht treffe ich ihn auch noch. Ich vermisse ihn nämlich.

18.23 Uhr Tom. Fjonggg!!! Allein der Gedanke, und ich sause schon wieder hoch auf Wolke sieben.
Als ich heute früh aufgewacht bin, lag Tom neben mir. (An dieser Stelle müssten Geigenklänge ertönen!!!)

18.34 Uhr Tom. Neben mir. (Ich musste das einfach noch mal hinschreiben.)

18.35 Uhr Er schlief noch tief und fest. Wir hatten nämlich alle nicht viel Schlaf bekommen in unserer letzten Nacht auf der Insel. Wir haben ewig lang am Lagerfeuer gesessen, denn wir hatten das Gefühl, es würde niemals Tag werden, wenn wir einfach sitzen bleiben würden. Aber leider hat das nicht funktioniert. Die Sonne ging trotzdem irgendwann auf und wir waren schließlich so müde, dass wir doch noch ins Haus

wankten. Ich bin dann heimlich zu Tom gekrochen, um noch ein bisschen mit ihm zu reden, aber nach drei Wörtern bin ich eingeschlafen.
In. Seinen. Armen. (Ein Orchester voller Geigen!!!)
Drei Stunden später bin ich aufgewacht, es war schon fast Frühstückszeit. Tom schlief noch. Ich habe ihn eine Weile angesehen, seine schwarzen Wimpern, seine verwuschelten braunen Haare, das Grübchen in seinem Kinn.
Er wurde unruhig, wahrscheinlich hat er meinen Blick gespürt. Also bin ich rausgegangen, an den Strand, um ihn nicht zu stören.
Ich habe mich in den Sand gesetzt und versucht, mir das alles für immer einzuprägen: die kühle Morgenluft auf der Haut, das glitzernde Wasser, das Schilf, die Ente mit den Küken. (Harfenklänge!!!)
Ich saß da ziemlich lang und irgendwann hörte ich Schritte. Tom. Er hatte nasse Haare, denn um wach zu werden, hatte er seinen Kopf unter den eiskalten Wasserstrahl am Brunnen gehalten. Ein T-Shirt trug er nicht, nur Shorts. Um die Schultern hatte er ein Handtuch gelegt.
»Hey, da bist du ja. Die anderen suchen dich, es gibt gleich Frühstück«, sagte er und ließ sich neben mich fallen.
»Hab keinen Hunger.« Ich legte mich zurück in den warmen Sand und betrachtete die Blätter der Trauerweide über mir, die so sommerlich im Morgenlicht flirrten und glirrten. Gibt es diese Wörter? Vermutlich nicht. Die Blätter taten es trotzdem. Tom runzelte die Stirn, beugte sich über mich und betrachtete meinen Mund. »Hunger habe ich auch nicht. Zumindest nicht auf Nahrung«, murmelte er.

Dann küsste er mich gaaanz lange.

»Das war unser letzter Kuss am Strand«, flüsterte er irgendwann. »Wir sollten jetzt packen, das Boot kommt bald.«

»Nein«, meinte ich. »Das sollte auf keinen Fall unser letzter Kuss hier gewesen sein. Es wäre schade um ihn. Er bekommt dann rückwirkend so einen bitteren Beigeschmack.«

»Das dürfen wir nicht zulassen«, sagte Tom und hatte dabei schon seinen Mund an meinem, was angenehm kitzelte. »Machen wir ihn zum vorletzten.« Und Tom küsste mich wieder.

Aber auch dieser Kuss eignete sich nicht dazu, der letzte zu sein, und der nächste auch nicht, und deswegen verpassten wir das Frühstück und fast auch noch das Boot. Wir schafften es gerade rechtzeitig, unsere Sachen in die Rucksäcke zu stopfen und das Zeug zum Bootssteg zu wuchten, wo die anderen schon warteten.

Der Rest der Rückreise ist schnell erzählt, obwohl er mir ewig vorkam. Als wir im Zug saßen, waren wir alle müde und schweigsam. Ich hielt Toms Hand, starrte aus dem Fenster auf die Landschaft, die mir langsam immer bekannter vorkam, und dachte darüber nach, ob Vicky Tom wirklich zugezwinkert hatte, als wir auf dem Inselsteg standen und auf das Motorboot warteten, das uns abholen sollte. Ja, ich glaube, das hat sie getan. Und vermutlich hatte das was mit der Nacht zu tun, in der Vicky und Tom so lange verschwunden waren. Saßen sie da vielleicht auf dem Steg? Hat sie deswegen geblinzelt? Das ist aber der Lilia-und-Tom-Steg! Da saß ich mit Tom und wir haben uns zum Schutz gegen die Nachtkälte eingekuschelt. Wenn hier jemand Tom zublinzelt, dann ich!

Aber vielleicht habe ich mich auch geirrt, vielleicht hatte Vicky nur was im Auge. Und wenn sie doch geblinzelt hat, dann bestimmt nur, um mich zu ärgern.

Ich ärgere mich aber nicht.

Mrmpf.

18.55 Uhr Wo war ich? Ach so, ja! Die Rückfahrt. Flocke hat mich vom Bahnhof abgeholt und erst mal war es toll, nach Hause zu kommen und alle wiederzusehen. Fast alle, Mama war natürlich nicht da, sie hat ja dieses Stipendium an der Nordsee und kommt erst nächsten Samstag zu Besuch zu uns. Paps hat mich in den Arm genommen und Lillykind genannt. Rosalie hat gleichzeitig von hinten ihre Ärmchen um meine Taille gelegt und mich ganz fest gedrückt. Und Primel sauste herbei und wedelte so sehr mit dem Schwanz, dass ich Angst hatte, er könne abfallen. Und sie hat gelächelt! Ich wusste gar nicht, dass Hunde lächeln können, aber Primel kann wirklich ihre Mundwinkel hochziehen, wenn sie sich freut.

Paps und Rosalie hatten Pizza gebacken und wir haben uns gleich an den Tisch gesetzt und gegessen.

Aber danach fing der Ärger an: Ich hatte der Rosine ein paar Fundstücke von der Insel mitgebracht. Richtige Schätze. Und in meinem letzten Brief hatte ich diese Überraschungen schon geheimnisvoll angekündigt. Klar, dass Rosalie nach dem Essen sofort ihre Geschenke haben wollte. Ich leerte also im Flur meinen Rucksack aus, um die Schachtel zu finden, in der ich alles verstaut hatte.

Oh, oh! Gar nicht gut. Da war Sand in meinem Gepäck. Und Gras. Und Kekskrümel. Paps bekam Schnappatmung, als er das sah, er hatte nämlich zur Feier des Tages gestaubsaugt und jetzt war alles hin.

»Mach das weg!«, brummte er.

»Gleich«, beruhigte ich ihn. Dann hatte ich die Schachtel endlich gefunden.

Innendrin hatte ich die Box mit Klopapier ausgepolstert, damit nichts zerbrechen konnte. Jetzt wickelte ich die Schätze aus und zeigte sie der Rosine. Ein echter Fuchszahn. Zwei Reihereier mit Loch, aus dem die Reiherküken geschlüpft waren. Und dann der Knaller: ein vollständiges Fledermausskelett. Das hatte ich auf dem Dachboden des Inselhauses gefunden. Rosalie war begeistert. Sie konnte fast nicht mehr sprechen vor Glück.

»Salmonellen!«, brüllte Paps plötzlich. Auf dem Klopapier, das jetzt am Boden lag, krabbelten winzige schwarze Tiere. Hektisch trat er mit dem Fuß auf die laufenden Pünktchen.

Oh Mann, dieser Vater! Er kann locker eine ionische von einer korinthischen Tempelsäule unterscheiden, aber alles Lebendige ist ihm fremd. Ich wette, wenn in seinem Salat mal etwas kleines Schwarzes krabbelt, hält er es für ein Vitamin. Und bei Eierschale plus Kleinstlebewesen denkt er sofort an Salmonellen.

»Schmeiß das Zeug weg, Lilia!«, schimpfte er. »Sofort! Ich will das nicht im Haus haben.«

»Papilein«, sagte ich mit beruhigender Stimme. »Die Viecher sind harmlos, die hatten wir auf der Insel überall. Das sind so eine Art Obstfliegen ohne Flügel.«

»Obstfliegen«, sagte Paps. »Ohne Flügel. Wenn das so ist, bin ich ein Hai. Ohne Flossen.«

»Jep.« Ich wollte ihm da nicht widersprechen. »Komm, Rosalie, wir waschen die Sachen einfach ab und dann bauen wir dir ein Museum. Ein richtiges, echtes Naturkundemuseum.« Ich zog die Rosine Richtung Küche, bevor Paps sich weiter aufregen konnte.

»Könntest du vielleicht erst den Flur wieder bewohnbar machen?«, rief Paps mir nach. Wobei: Eine Frage war das eigentlich nicht. Eher ein Befehl.

»Glahaheich«, antwortete ich. »Rosalie und ich, wir machen daraus jetzt ein Museum. Und nachher mach ich das alles wieder sauber. Okay?«

»Nein«, sagte Paps.

»Bleib locker, Vater, und mach es dir gemütlich. Ich hab die Sache hier im Griff.«

»Lilia, nicht in dem Ton!«

Schnell verschwand ich mit Rosalie in der Küche, wo wir den Zahn, die Eierschalen und die Knöchelchen mit warmem Wasser und Spülmittel reinigten. Dann tupften wir alles trocken und brachten die Schätze in Rosalies Zimmer. Dort fanden wir genau das, was wir brauchten: das kleine Zweitaquarium für kranke Goldfische. Im Moment waren zum Glück alle Fische gesund und es stand leer. Wir räumten ein Fach in Rosalies Bücherregal frei und legten schwarzes Papier darauf. In mühsamer Kleinarbeit puzzelten wir die Fledermausknöchelchen zu einem kompletten Skelett zusammen, was auf dem schwarzen Untergrund richtig gut aussah. Zum Schluss legten wir die Eier und den Zahn daneben, stülpten das Aquarium darüber und fertig war eine richtige, echte Museumsvitrine.

»Lillifee, was meinst du, wie viel Eintritt kann ich verlangen?«, fragte die Rosine und begann, ein Plakat für ihr Museum zu malen. Sie war sehr glücklich und ich war sehr stolz.

Aber erntete ich dafür ein Lob von meinem Vater? Nannte er mich die wundervollste Schwester der Welt? Pries er meine Fantasie, meine Kreativität, mein pädagogisches Geschick? Nein. Er bekam einen Tobsuchtsanfall. Er flippte aus. Weil das mit dem Museumsbau so lange gedauert hatte, weil meine Klamotten immer noch im Flur lagen, weil jetzt in der Küche am Spülbecken auch schwarze Tierchen krabbelten, weil ihn angeblich eins davon gebissen hatte, weil Paps in dem Zweitaquarium Wasserpflanzen züchten wollte, weil Rosalies Bücher nicht mehr im Regal standen, sondern auf dem Boden lagen. Und vor allem, weil ich ihm widersprochen und einfach mit Rosalie mein Ding durchgezogen hatte. Er hatte NEIN gesagt und dann hieß das auch NEIN. Basta.

Huch. Ich stand da und starrte ihn einfach nur an. So kannte ich ihn gar nicht.

Da mischte sich auch noch Flocke in die Diskussion ein. »Was ist das denn?« Seine Worte wollten nicht so richtig zur Situation passen, deswegen blendete ich sie erst einmal aus. Aber als er es zum dritten Mal fragte, drehten wir uns alle nach ihm um. Okay. Was Flocke mit »das« meinte, waren zwei Gegenstände. Er hatte sie mit spitzen Fingern aus meinem Gepäck gepickt. In der linken Hand hielt er blaukarierte Boxershorts in Größe L, eindeutig nicht meine Größe, und in der rechten eine Packung Kondome, bunte mit Erdbeergeschmack. Beides hielt er Paps direkt unter die Nase. Danke, Bruder!

Mein Vater erbleichte.

»Das ist harmloser, als du denkst«, sagte ich schnell. »Die

Shorts gehören Tom, ich hab die mir nur in der letzten Nacht ausgeliehen, als ich, ach egal. Und die Kondome habe ich beim Strip-Poker gewonnen. Das war ein blöder Witz.«
»Strip-Poker«, sagte Paps überdeutlich. Er schluckte und fügte dann hinzu: »Harmloser, als ich denke.« Und dann ging's ab. Erst ein Kreuzverhör, bei dem er erfuhr, dass ich mit Tom zusammen bin. Und dann ein Wutanfall, in dem ich für zu jung erklärt wurde. Zu jung für eigentlich alles, was das Leben lebenswert macht.
Als Paps fertig war, stopfte ich alle meine Sachen in den Rucksack, wuchtete ihn die Treppe hoch und pfefferte ihn in mein Zimmer.
»Hol jetzt sofort den Staubsauger!«, donnerte Paps von unten. Eigentlich hatte ich genau das vorgehabt. Aber so nicht! Und genau das sagte ich dann auch.
»Nee, Vater«, rief ich freundlich die Treppe hinunter. »So nicht. Nicht in dem Ton.« Und dann schloss ich meine Zimmertür hinter mir und drehte den Schlüssel im Schloss. Schluss. Aus. Ende.

Betreff: »Es«
Datum: 24.06., 19:59 Uhr
Von: Tom Barker <wolfspfote@gmail.com>
An: Felix von Winning <snert@web.de>

Oh Mann!!! Ich bin seit drei Stunden zu Hause. Ich habe nicht mal meinen Rucksack ausgepackt. Und du erwartest sofort einen seitenlangen Bericht mit intimsten Auskünften von mir? Junge, hast du immer noch kein eigenes Leben?

Zu deinen Fragen:

1. Ja. Lil hat auf der Insel in meinem Bett geschlafen.
2. Nein. Wir haben »es« nicht getan.
3. Nein, ich würde es dir nicht erzählen, selbst wenn wir's getan hätten. Das wäre schlechter Stil. Darüber spricht man nämlich nicht. Und Schreiben geht schon gar nicht.
4. Nein, du Depp, wir haben es nicht getan.
5. Ja, ja, ja, okay, ich würde es erzählen. Aber nur dir.
6. Aber niemals schreiben.
7. Nein, wir haben es **nicht** getan!!!

Warum ist das eigentlich so wichtig?
Noch ein paar Tage, dann bist du hier, dann können wir reden.

Bis denn,
Tom

Samstag, 25. Juni

Mit sechzehn verließ die heilige Johanna von Orléans ihre Eltern, um Frankreich zu retten. Mit sechzehn heiratete Elisabeth ihren Franzl und wurde Kaiserin von Österreich. Mit sechzehn umsegelte Jessica Watson ganz allein die Welt. Tja. Und mit sechzehn soll Lilia Kirsch mit ihrem Vater und ihrer kleinen Schwester einen Film über Schlümpfe sehen. Nee, oder?

10.07 Uhr Waffenstillstand. Habe freiwillig beim Bäcker Brötchen geholt und Frühstück gemacht und war wieder nett zu Paps. Und er war auch nicht nachtragend. Wir reden also wieder miteinander.

Einerseits ist das gut. Eisige Stille halte ich schwer aus, selbst wenn ich damit angefangen habe.

Andererseits ist es schlecht. Wer redet, muss Fragen beantworten, die er lieber nicht gestellt bekommen möchte. Und sag mal zu jemandem: Falsche Frage, darüber will ich nicht reden. Das funktioniert nicht. Danach darfst du garantiert stundenlang über genau dieses Thema diskutieren.

Ich musste Paps also noch beim Frühstück die Sache mit Toms Shorts und den Kondomen genau erklären. Na gut, dachte ich, bringe ich es eben hinter mich. Zu der Hose: Ich hatte sie mir in der letzten Nacht auf der Insel von Tom als Schlafanzughose geliehen, weil meine Jeans vom Sitzen auf der Wiese feucht geworden war und weil ich nicht erst noch hoch ins Mädchenzimmer zu meinen Sachen gehen wollte. Ein paar von den anderen schliefen ja schon. Und die Tatsache, dass ich mir von Tom eine Hose ausgeliehen habe, bevor ich in sein Bett kroch, beweist doch immerhin, dass ich eine trug, als ich dort lag. Wo ist also das Problem?

Ich hatte die Shorts dann morgens am Strand immer noch an und beim hektischen Packen habe ich sie in meinen Rucksack gestopft.

Paps war schockiert, dass ich die Nacht nicht in meinem eigenen Bett verbracht habe, aber da ist doch echt nichts dabei. Was die Leute nur immer mit Betten haben? Mal ganz klar und analytisch betrachtet gibt es nichts, was ich mit Tom nicht auch überall sonst auf der Insel hätte tun können, ganz ohne Bett. Wenn wir gewollt hätten. Aber wir wollten ja gar nicht. Und die Kondome – die habe ich wirklich beim Strip-Poker gewonnen. Okay, das klingt jetzt erst mal merkwürdig. War es aber nicht. Torsten hatte an unserem vorletzten Tag auf der Insel Geburtstag und Karim hat ihm die Dinger geschenkt. Er hat sie im Shop auf dem Campingplatz gekauft, als Witz, einfach, weil es da sonst nichts Geeignetes gab und er seinem Freund zur Feier des Tages wenigstens irgendetwas überreichen wollte. Die Kondome gab es nur im Dreierpack und Torsten hat dann eines seiner Päckchen als Preis fürs Pokern gestiftet. Die restlichen haben wir aufgepustet und damit Beach-Volleyball gespielt. Das war einfach nur witzig, gar nicht unanständig oder so, genau wie übrigens auch das Poker-Spiel. Wir hatten alle unsere Badesachen unter den Klamotten an und die hat auch keiner ausgezogen, nicht mal Vicky, die das Spiel verloren hat. Und – mein allerbestes Vater-Beruhigungs-Argument: Ich habe die Poker-Partie gewonnen! Ich war also die, die am Schluss noch am meisten anhatte. Die Kondome sind der Beweis.

Paps sah nicht wirklich erleichtert aus, als ich ihm das alles erklärt hatte. Er verstand einfach nicht, was an Strip-Poker und an Kondomen mit Erdbeergeschmack witzig sein sollte. Aber das kann man ihm nicht vermitteln, er hat einfach einen anderen Humor. Er kichert zum Beispiel, wenn er philosophische Werke von Nietzsche liest. Und es gibt durchaus Leute, die *das* nicht komisch finden.

Nach meiner Erklärung legte Paps die Fingerspitzen aneinander und sah mich ernst an. Als er dann sprach, klang seine Stimme, als würde er gerade im Hörsaal eine Vorlesung halten. »Lilia!«, sagte er und machte dann eine Pause. »Es ist mir schon klar, dass die Jungs so tun, als wäre das alles nur ein großer Witz.« Pause. »Aber das stimmt nicht. Sie tun tatsächlich nur so. In Wahrheit haben sie in diesem Alter nur eins im Kopf.« Pausepausepause. Er räusperte sich. Schluckte. Dann sagte er unheilvoll: »Säggs-Geschichten.«

Paps sprach das Wort mit weichem »S« aus, und ich brauchte eine Weile, um zu verstehen, dass er von Sex sprach.

»Paaaaaps!!!« Ich verdrehte die Augen. »Tom ist nicht so. Und die anderen auch nicht.«

»*Alle* sind in diesem Alter so. Glaub mir, Lilia, alle Jungs, ohne Ausnahme«, behauptete Paps.

»Was ist Säggs?«, piepste Rosalie. »Und warst du früher auch so,

Papi?« Sie beäugte ihren Vater kritisch durch ihre Schielbrille. Dann wanderte ihr Blick zu Flocke, der mit seinem Fingernagel Rillen ins Tischtuch zog und so tat, als wäre er in Gedanken ganz woanders. Sie sah ihn fragend an. Man hörte förmlich, wie ihre Gedanken ratterten.

Paps zuckte zusammen. »Rosalie, du gehst jetzt mal mit Primel in den Garten«, bestimmte er.

»Menno«, sagte die Rosine, aber sie trollte sich.

Ich wäre gern mitgegangen. Ich wollte nämlich nicht wissen, was mein Vater früher oder auch sonst je über »Säggs« gedacht hatte. Ich wollte seine Geschichten nicht hören. Am liebsten hätte ich mir die Finger in die Ohren gesteckt und laut »lalala« gesungen, als Paps jetzt weitersprach.

Aber ich hatte Glück. »Lillykind«, sagte er und blickte mich väterlich gütig an. »Lassen wir das einfach. Das ist doch alles noch gar kein Thema für dich. Schwamm drüber. Weißt du, was wir beide jetzt tun, nein, besser, wir drei, Rosalie, du und ich? Wir gehen jetzt zusammen mit Primel in die Hundeschule. Da gibt es viele Hundebabys, das wird dir gefallen. Und heute Nachmittag können wir ins Kino gehen. Da gibt es so einen Film über blaue Zwerge. Rosalie sagt, der sei lustig.« Er blinzelte mir zu.

Oh, nee, dachte ich. Ich wollte mich doch heute mit Tom treffen!!! Und jetzt stattdessen Hundebabys und Schlümpfe???

»Kommt Flocke auch mit?« Ich fragte das, obwohl ich die Antwort kannte.

Flocke sprang sofort auf, nuschelte etwas von Halsweh und verschwand ganz schnell in seinem Zimmer. Und Paps ging gar nicht auf meine Frage ein. Er hielt ihn auch nicht zurück.

Zum Glück habe ich auf der Insel einen Trick gelernt. Wenn ich sauer oder nervös werde, stelle ich mir einfach wiederkäuende Kühe vor. Es gibt nichts Friedlicheres. Allein der Geruch von Kuh und Gras. Und dann das Geräusch: rapf, rapf, rapf. Das beruhigt.

Guuut. Tief einatmen! Nicht streiten. Einfach nachgeben. Vater hat recht und ich meine Ruhe. Wenn es den Familienfrieden rettet, dann gehe ich eben zur Hundeschule. Und von mir aus auch zu den Schlümpfen.

Aber danach treffe ich mich mit Tom. Jawohl. Und zwar auch dann, wenn Paps noch mit mir *Sandmännchen* sehen und »Der Mond ist aufgegangen« singen will. Ich schwöre es!!!

14.07 Uhr Wow! Ich habe hellseherische Fähigkeiten! Vor drei Stunden habe ich geschrieben: Ich gehe gleich zur Hundeschule. Und genau das ist passiert. Wir sind zur Hundeschule *gegangen*. Wirklich nur gegangen. Wir sind zwar irgendwann sogar angekommen, aber da war die Stunde dann rum. Krass. Paps war letzte Woche schon mal in diesem Welpenkurs und dort hatte er die allererste Lektion gelernt. Sie lautet: Ein Hund darf niemals an der Leine ziehen. Leineziehen ist böse!

Wenn Primel nämlich hechelnd im Geschirr hängt, will sie, dass wir schneller gehen. Und falls wir das dann wirklich tun, lernt sie: Super, ich bin hier der Chef, und durch Leineziehen kann ich meinen Untertanen zeigen, was ich will. Bald ist Primel aber kein niedliches Hündchen mehr, sondern ein großer Hund. Dann hat sie sehr viel Kraft, und unsere Arme werden durchs Leineziehen so lang, dass wir uns im Stehen in den Kniekehlen kratzen können. Das kann natürlich keiner wollen.

Wir müssen also genau das Gegenteil von dem tun, was Primel will: stehen bleiben, wenn sie losrennt, und laufen, wenn sie langsam geht. Dann lernt sie: Wenn ich schneller sein will, sollte ich besser artig neben meinen Menschen hertraben, sonst klappt das nie.

So weit die Theorie. In der Praxis sieht die Lektion dann so aus: Sobald der Hund vorwärtsprescht, muss man schweigend die Füße in den Boden rammen und stehen wie eine Statue, und zwar so lange, bis das Hündchen von sich aus zufällig ein paar Schritte zurückgeht und die Leine wieder durchhängt. Kaum tut es das, geht man weiter. Wenn das Hundetier dann wieder zieht: stopp! Irgendwann macht's klick im Hundekopf und der Hund hat es kapiert. Er glaubt dann, dass Menschen von Natur aus stehen bleiben, wenn Zug auf der Leine ist.

Aber da sind wir auch schon beim Problem. Paps hatte das mit Primel schon eine ganze Woche geübt und bei ihr machte es einfach nicht klick. Darüber wollte er heute mit dem Hundelehrer sprechen, aber wir kamen ja leider nicht dort an. Die Hundeschule liegt nämlich mitten zwischen Feldern und man muss auf einem Parkplatz an der Straße halten und zu Fuß hinlaufen. Tja. Wenn man laufen kann. Wenn man nicht dauernd stehen bleiben muss.

Wir stiegen aus dem Auto. Primel hopste raus. Paps, Rosalie und ich machten den ersten Schritt in die richtige Richtung. Und Primel sauste nach vorn und hing im Geschirr wie ein Ackergaul vorm Pflug. Wir blieben natürlich sofort vorschriftsmäßig stehen und warteten, bis Primel aufhörte zu ziehen. Das tat sie aber nicht. Sie zog noch mehr und fing sogar an zu röcheln. Sie hatte ja die ganze Woche lang beim Gassigehen nur

rumgestanden und verspürte nun einen enormen Bewegungs-
drang. Vom Hundeplatz her hörten wir außerdem die anderen
Welpen glücklich kläffen, da wollte sie hin.

Wir standen also und sahen dabei zu, wie unser Hund sich fast
erdrosselte.

»Können wir nicht mal was zu ihr sagen?«, flüsterte ich Paps zu.
»Nein«, zischte der zurück. »Sie soll das für ein Naturgesetz
halten, so wie die Schwerkraft: Wer zieht, kommt nicht weiter.
Wenn sie glaubt, dass wir dahinterstecken, wird sie anfangen,
uns auszutricksen. Dann hört das nie auf.«

Wir schwiegen also und es hörte trotzdem nicht auf. Primel
dachte wohl, auch Naturgesetze könne man bezwingen, wenn
man es nur so richtig will.

Wolken zogen auf, ein frischer Wind pustete durch unsere
T-Shirts, wir fröstelten und Primel röchelte. Irgendwann sack-
ten ihr aus Sauerstoffmangel die Beinchen weg, sie machte einen winzigen Schritt rückwärts und sofort liefen wir weiter.
Glücklich sprang Primel auf, raste los und die Leine war wieder
gespannt.

Als wir endlich am Hundeplatz ankamen, erhielt Paps vom
Hundelehrer ein Lob für seine Konsequenz und den Rat, genauso weiterzumachen. Primel bekam ein Leckerchen. Das
war's. Die Welpenstunde war vorbei.

Aber für uns war gar nichts vorbei. Die anderen Hunde liefen
jetzt mit ihren Besitzern zurück zu den Autos und Primel wollte natürlich mit. Und wieder hing sie röchelnd an der Leine.
Und wieder standen wir.

Bald waren wir ganz allein auf weiter Flur, und wir würden da
immer noch stehen, wenn ich nicht Fakten geschaffen hätte.

Inzwischen hörte ich in der Ferne Donner grollen. Ein Blitz zuckte über den Himmel und elektrisierte mich innerlich. Meine Inselgelassenheit bekam so langsam einen Knacks und wenn ich versuchte, mir wiederkäuende Kühe vorzustellen, sah ich stattdessen einen schnaubenden Stier. Und da ging ich in die Knie, packte das gefleckte Hundetier am Kragen, sah ihm in die Augen, nannte es ein mieses Frettchen und knurrte es an wie ein großer böser Wolf. Grrrrrroar.

Huch! Primel vergaß prompt das Ziehen und sah mich mit großen Augen an. »Was willst du von mir?«, schien ihr Blick zu sagen. Na bitte, sie beachtete mich! Ich lief los, klopfte dabei immer seitlich an mein Bein und sagte Wörter wie »komm, schön, hier, ja, feiiin«. Und prompt lief die kleine Hunderatte neben mir, sah mich von unten begeistert an, lächelte und wedelte mit dem Schwanz. Man merkte: Endlich hatte sie kapiert, was sie tun sollte, nämlich das, was wir ihr vormachten. Sie wirkte richtig erleichtert.

»Bist du sicher, dass das eine gute Idee war?«, fragte Paps. »Jetzt müssen wir wahrscheinlich wieder ganz von vorn anfangen.« Er öffnete die Autoklappe und Primel hopste auf ihre Decke.

»Bist du sicher, dass das eine gute Hundeschule ist?«, antwortete ich mit einer Gegenfrage, als ich vorne neben ihm einstieg. »Mal ehrlich: Ich glaube, weiter vorn als wir eben kann man gar nicht anfangen.«

»Die Schule ist mir sehr empfohlen worden.« Er sah starr geradeaus. Erste Tropfen fielen jetzt auf die Scheibe. Zum Glück waren wir im Trockenen.

»Pffff. Das heißt nichts. Manche empfehlen auch Duftöle und Entspannungsmusik für Hunde. Hab ich neulich erst im Fernsehen gesehen. Oder du versuchst es mal mit einer Pfoten-reflexzonenmassage bei Primel. Vielleicht mag sie das und weicht dir dann von selbst nicht mehr von der Seite.« Aber das fand Paps mal wieder nicht witzig. Als er losfuhr, ließ er den Motor aufheulen, und er schwieg, bis wir zu Hause waren.

15.00 Uhr Es regnet. Und regnet. Und regnet. Alles ist grau. Das Wetter. Die Stimmung. Meine Zukunft.
Ich denke gerade an die grauen Straßen der Stadt. An graue Schulwände. Graue Theorie im Unterricht, grauenhaftes Mensaessen, grausamen Stress. Und ich fühle mich hier in der Zivilisation wie ein Wildtier in einem Betonkäfig.
Grau ist übrigens ein sehr treffendes Wort. Es besteht aus »grrrrrr« und »au«. Und so fühlt sich dieses Alltagsgrau auch an. Es macht mich wütend und zwickt und piekt.

15.07 Uhr Ich bin mies drauf, falls es irgendjemand noch nicht bemerkt haben sollte.

15.08 Uhr Ich will keine Schlümpfe. ICH WILL TOM!!!

15.09 Uhr Wenn ich mich sehr darauf konzentriere, verspüre ich links hinten im Hals ein ungutes Kribbeln. Oh, oh. Ich könnte mich bei Florian angesteckt haben. Das könnte Hals-weh werden. Oder Sommergrippe. Oder Scharlach!!!
Kino ist bestimmt nicht gut für mich. Viel lieber möchte ich mich mit einer Tasse Tee ins Bett verkriechen und das Buch lesen, das ich Paps gemopst habe. Die schönsten Texte über die Liebe aus drei Jahrtausenden. Da kann ich vielleicht was

lernen. Genau. Das mach ich auch! Die sollen den Film ohne mich sehen!

15.35 Uhr Ähm. *Das* sind Werke von weltberühmten Geistesgrößen? Hammer!

15.36 Uhr SMS an Maiken: »Ach! Der mich liebt und kennt, ist in der Weite. Es schwindelt mir, es brennt mein Eingeweide. Nur wer die Sehnsucht kennt, weiß, was ich leide!«

15.38 Uhr SMS von Maiken: »Darmgrippe???«

15.39 Uhr SMS an Maiken: »Goethe!!!«

15.45 Uhr Na toll. Paps hat den Schlumpffilm mir zuliebe auf morgen verschoben. Dafür muss ich jetzt auf die Rosine aufpassen. Er murmelte irgendetwas von dringenden Besorgungen und war verschwunden, bevor ich Widerspruch einlegen konnte. Der Flokati ist auch weg, vermutlich bei Dana, trotz Halsweh. War ja wieder klar.
Okay. Ich hüte Vaters Nachwuchs, während er Spaß hat. Ich armes, armes Lilienputtel.

16.00 Uhr Rosalie hat mir Tee ans Bett gebracht. Weil sie kein Wasser kochen darf, hat sie kaltes aus der Leitung genommen. Der Inhalt meiner Tasse schmeckt daher nicht nach Tee, sondern nach Teebeutel. Aber er wirkt. Mir wird davon ganz warm ums Herz.
Die Rosine ist dann zu mir ins Bett gekrochen und hat mir Lie-

der vorgesummt. Ich las ihr dafür hin und wieder ein Liebesgedicht vor. Gemütlich war das.

»Hast du Tom geküsst?«, unterbrach sie mich, als ich ihr gerade ein mittelhochdeutsches Minnegedicht vortrug. Sie blickte mich nicht an, als sie das fragte, ich sah nur ihren Hinterkopf mit ihrem kleinen, dünnen Pferdeschwanz.

»Hmhm. Was dagegen?«

»Appetitlich find ich's nicht gerade.« Jetzt grinste sie mich zahnlückig an.

»Hey, du küsst doch auch manchmal.«

»Jaaa. Aber nur Leute, die ich kenne.«

»Hör mal, ich kenne Tom!« Ich bohrte alle zehn Finger in ihre Rippen und sie quiekte. Dann wurde sie wieder ernst. Sie sah mich an und dabei wurde ihr sichtbares Auge hinter der Brille groß und rund. »Duhuuu? Hast du auch mit Tom geknuuutscht?« Man hörte deutlich, dass sie den Gedanken ebenfalls nicht appetitlich fand.

»Was ist denn der Unterschied zwischen Küssen und Knutschen?«, fragte ich zurück.

Jetzt drehte sie sich auf den Bauch und bohrte ihre Nase in die Matratze. »Das weißt du nicht?«, hörte ich ihre Stimme gedämpft. »Küssen ist *mit* Anziehsachen. Und Knutschen ohne.«

»Pfuuuh, Rosalie, du stellst ja Fragen! Eigentlich erzählt man so was doch keinem. Aber mal unter uns Mädels: Nein, ich hab nicht mit Tom geknuuutscht.«

»Guuut!« Sie drehte sich wieder zu mir um und kuschelte sich an mich, schnaubend vor Sauerstoffmangel oder vor Erleichterung. »Das habe ich mir schon gedacht.«

»Ähm, Rosinchen, mir fällt da gerade was auf. Hast du mir

27

nicht neulich in einem Brief geschrieben, Flocke und Dana hätten geknutscht?«

Schwupp, schon lag sie wieder auf dem Bauch und ich konnte ihr Gesicht nicht mehr sehen. »Weiß nicht mehr so genau«, nuschelte sie.

»Rosalie Kirsch!«

»Hab's vergessen.« Sie zappelte neben mir mit den Beinen. Boah, Bruder! Erst die Tür nicht abschließen, wenn Dana da ist, und dann das Kind bestechen!?

»Lilia, spielen wir Barbie?« Rosalie wollte dringend raus aus dieser Situation. »Ich habe einen neuen Ken.«

»Yes«, seufzte ich. »Yes, we Ken!«

19.09 Uhr Paps ist wieder da. Huschte heimlich mit einer Tüte in sein Arbeitszimmer. Hat sich eingeschlossen.

Was er da wohl macht? Ich werde es herausfinden!

Aber nicht jetzt, denn jetzt habe ich frei!!! Habe eben mit Tom geskypt. »Soll ich kommen?«, fragte er, als ich ihm die Sache mit dem grauenhaften Grau erklärt hatte.

»Jaaaa«, seufzte ich. Und jetzt ist er unterwegs. Yeah!

19.35 Uhr Hammer! Eben hat es geklingelt und ich wusste: Das ist Tom. Ich hörte unten Schritte, dann die Haustür und später tiefe Stimmen. Also bin ich oben geblieben und habe mir noch schnell die Haare gekämmt, bevor Tom hochkam.

Und dann habe ich gewartet. Und gewartet. UND GEWARTET.

Kein Tom.

Nach ein paar Minuten hat mein Handy geklingelt und er war

dran. »Dein Vater hat mich nicht reingelassen«, schimpfte er ohne Einleitung. »Er meinte, du seist müde und erkältet. Ich soll morgen kommen. Und zwar bitte tagsüber!!!«

Tom musste noch ganz in der Nähe unseres Hauses sein, denn durchs Handy dröhnte ein Lastwagen, der wenig später an unserem Haus vorbeifuhr.

»Bleib, wo du bist«, sagte ich, »und gib mir fünfzehn Minuten.«

Okay, Vater. Das war's dann mit dem Waffenstillstand! Ab jetzt ist dieses Haus ein Krisengebiet.

Absender: Felix
+4917692347682
Gesendet: 25. Juni, 22.15 Uhr

Ruf mich mal an.

Absender: Tom
+4915786087865
Gesendet: 25. Juni, 22.17 Uhr

Geht nicht. Bin unterwegs.

Absender: Felix
+4917692347682
Gesendet: 25. Juni, 22.19 Uhr

Wo? Was machst du?

Absender: Tom
+4915786087865
Gesendet: 25. Juni, 22.22 Uhr

Das willst du nicht wissen.

Absender: Felix
+4917692347682
Gesendet: 25. Juni, 22.23 Uhr

> **Doch.**

Absender: Tom
+4915786087865
Gesendet: 25. Juni, 22.27 Uhr

> **Tja, also, ich esse gerade ein Lebkuchenherz und betrachte die Sterne.**

Absender: Felix
+4917692347682
Gesendet: 25. Juni, 22.28 Uhr

> **Nee, oder?**

Absender: Felix
+4917692347682
Gesendet: 25. Juni, 22.36 Uhr

> **Tom???**

Sonntag, 26. Juni

Hilfe! Bei uns ist das Mittelalter ausgebrochen und das macht mir Angst! Damals haben Erziehungsberechtigte nicht lange rumdiskutiert, sondern einfach Fakten geschaffen. Als zum Beispiel Peter Abaelard beim Knutschen mit der schönen Heloisa ertappt wurde, ließ ihn ihr Onkel einfach entmannen. Zack, alles ab. Das wenigstens hat Paps nicht getan. Noch nicht. Er hat Tom aber auch noch nicht erwischt.

10.11 Uhr Das kann natürlich noch kommen, die Anfänge sind gemacht. Mein sanftmütiger, freundlicher, gelassener Vater ist nämlich plötzlich ein wütender Tyrann. Und ich, Lilia Kirsch, 16 (!!!), habe wirklich und wahrhaftig Hausarrest. Eine Woche lang. Ist es denn zu fassen?

»Wirfst du mich jetzt in den Kerker?«, fragte ich, als Paps dieses väterliche Urteil verkündete. »Bei Wasser und Brot? Muss ich auf einem Strohsack schmachten?«

»Und jetzt wird das Fräulein auch noch vorlaut!«, polterte Paps los und pumpte seine Lunge voll Luft, vermutlich, um größer und bedrohlicher auszusehen. Was ihm aber nicht gelang. Er sah einfach aus wie Paps voll Luft.

Trotzdem war ich starr vor Schreck. Arrest? Fräulein? Vorlaut?

Waren wir echt im Mittelalter? War mein Halskribbeln vielleicht ein Zeitreise-Virus? Hatte Paps ein Wams an? Pluderhosen? Schnabelschuhe?

Aber er sah aus wie immer und trug eine Jeans, ein blaues Hemd, seine Brille und seine Armbanduhr, alles eindeutig Errungenschaften unserer Zeit. Nur seine Gesichtsfarbe stimmte nicht. Normalerweise ist er eher blass, aber in diesem Moment war er rot wie ein gekochter Hummer. Seine Hände waren zu Fäusten geballt und er brüllte mich an.

10.30 Uhr Vielen Dank auch, Frau Witt! Wie nett von Ihnen, meinem Vater mitzuteilen, dass ich heute gegen Mitternacht mit Tom vor unserem Haus stand und ihn geküsst habe!

10.33 Uhr Okay. Eigentlich ist die alte Frau Witt wirklich nett. Sie hat es bestimmt ehrlich gemeint, als sie Paps heute früh vorm Bäcker zu dem netten jungen Mann beglückwünschte, der seine Tochter nachts so verantwortungsbewusst nach Hause begleitet hatte. Und der so in das Töchterlein verliebt war, dass er gar nicht aufhören konnte, es zu küssen. »So ein entzückendes Pärchen«, hatte Frau Witt gesagt. Und dass die Zeiten eben anders seien als früher, in ihrer Jugend. Damals hätte man sich natürlich niemals unter einer Straßenlaterne küssen dürfen (gab es da schon Straßenlaternen???). Aber die Zeiten seien deswegen nicht schlechter, nein, das seien sie nicht, offener eben, ehrlicher.

Paps konnte die alte Frau Witt gut nachmachen, ich sah sie förmlich vor mir. Er selbst schätzte die Sache aber ganz anders ein. Zu Frau Witt hat er das zwar nicht gesagt, aber zu Hause hat er es sich dann von der Seele gebrüllt. Er fand Tom und mich nicht entzückend. Die Zeiten schienen ihm auch nicht besser als früher. Und an der Situation fand er gar nichts offen und ehrlich. Im Gegenteil. Mit bebender Stimme teilte er mir mit, wie enttäuscht er von meinen Lügen und meinen Heimlichkeiten sei und dass ich jetzt eine Woche lang Zeit hätte, darüber nachzudenken. Beim Hausarrest. In die Schule dürfe ich gehen, aber sonst nirgendwohin.

Als Paps all das gesagt hatte, schäumte auch ich vor Wut. Meine Stimme wurde scharf wie ein Geierschnabel und ich sagte ihm, wie ich seinen Von-oben-herab-Erziehungsstil hasse. Und wieso bitte schön Lügen? Ich hatte gestern nach 19 Uhr kein Wort mehr mit ihm gesprochen. Wie konnte ich da gelogen haben? Und – mal ehrlich! Wer war hier nicht offen und ehrlich? Wer hat denn hinter meinem Rücken zu Tom gesagt, ich sei müde und krank?

»Ich bin ein freier Mensch!«, brüllte ich den rotgesichtigen Wutvater an und vermutlich sah ich dabei ganz ähnlich aus wie er. »Übrigens gehe ich aus dem Haus, wann es mir passt.« Ich sah ihm direkt in die Augen, als ich überdeutlich weitersprach: »Und eins sage ich dir: Wage es ja nicht, mich einzusperren!«

»Oh, ich sperre dich nicht ein, Lilia«, antwortete Paps mit gefährlich ruhiger Stimme. Er wich meinem Blick nicht aus. »Das würde ich nie tun. Aber ich warne dich. Wage es ja nicht, das Haus ohne meine Erlaubnis zu verlassen!« Er drehte sich um und ging.

Und ich? Was tat ich? Verließ ich nun umgehend unser Heim, um ihm zu zeigen, dass ich von seinem Auftritt kein bisschen beeindruckt war? Warf ich die Tür mit einem lauten Knall hinter mir ins Schloss? Lächelte ich dabei höhnisch? Pfiff ich ein Lied?

Nein. Ich rannte die Treppe hoch, warf mich auf mein Bett, bohrte meinen Kopf ins Kissen und brüllte grunzende Geräusche in die schalldämpfenden Federn.

Weil ich beeindruckt war. Und wie. Mit einem Wutanfall komme ich klar. Aber er hatte so etwas Drohendes, Gefährliches. Und das war neu.

11.11 Uhr Tom und ich standen gestern Nacht wirklich lange vor unserem Haus, bevor ich durchs Fenster zurück in mein Zimmer geklettert bin, durch das ich ein paar Stunden vorher heimlich ausgebüxt war.

Ich hatte Tom um kurz vor acht an der Bushaltestelle getroffen. Wir sind dann zusammen zum Festplatz gegangen, wo gerade Sommerfest war.

Tom hat für mich an der Schießbude eine Blume geschossen. Weil es keine Lilien gab, hat er eine lila Rose gewählt. Er hat mir außerdem ein Lebkuchenherz gekauft, auf dem mit rosa Zuckerguss »Für dich tu ich alles« stand. Ich habe ihm dafür eins mit der Aufschrift »Mausebär« geschenkt.

Dann war es uns aber doch peinlich, mit diesen Herzen um den Hals herumzulaufen, und wir haben sie aufgegessen.

Örks. Sie sahen besser aus als sie schmeckten. Wir haben das aber beide nicht zugegeben und sie bis auf den letzten Krümel verschlungen.

Danach sind wir drei Runden Kettenkarussell gefahren und haben uns dabei an den Händen gehalten. Voll kitschig, aber seeehr schön. Die Lichter unter uns haben bunt geglitzert, als wir durch

die Nachtluft sausten. Zuletzt haben wir vom Riesen-
rad aus das Feuerwerk überm Fluss betrachtet. Lichter
und Funken überall. Und als Tom mich da oben geküsst
hat, habe ich selbst mit geschlossenen Augen Sternchen gesehen.
»Na? Ist dein Alltag immer noch grau?«, fragte er irgendwann.
Wow! Nein! Er glitzert immer noch, wenn ich nur daran denke.
Ich nehme alles zurück, was ich je gegen die Zivilisation gesagt
habe. Mit Tom hat sie echt ihre Reize.

11.30 Uhr Habe versucht, Mama anzurufen. Ich glaube, die
würde das lockerer sehen mit Tom und mir. Wollte sie fragen,
ob sie mal mit Paps reden kann. Aber sie geht nicht dran.

11.59 Uhr Eben kam Florian in mein Zimmer geschlurft. Er
war gerade erst aufgewacht und hatte deutlich erkennbar einen
Bad-Hair-Day. Seine Laune passte zu seiner Frisur.
»Was war das denn heute Nacht?«, muffelte er mich an.
»Guten Morgen, lieber Bruder! Schön, dich zu sehen.« Ich
stellte den Fernseher leiser. Gerade hatte ich es mir auf meinem Bett gemütlich gemacht und ihn eingeschaltet. Was soll
man denn sonst tun, wenn man HAUSARREST hat? Aber
für ein heiteres, fröhliches Gespräch unter Geschwistern bin
ich natürlich immer zu haben.
»Echt, Lil, das geht nicht.« Flocke ließ sich auf meinen Sessel
fallen, rieb sich die Augen, riss den Mund auf, gähnte und
ermöglichte mir dabei außergewöhnliche Einblicke in sein
Innerstes.
»Flocke, sag mal, was hat das mit dir zu tun? Geht dich das
was an?«

»Du bist meine Schwester!«, knurrte er.

»Ja. Und ich habe nichts getan, was du nicht auch tust, Bruder. Also halt dich zurück mit Kommentaren.«

»Bitte?« Er spuckte das Wort förmlich aus. »Was ich nicht auch tue? Nee, Lilia. Der Häuptling weiß immer genau, wo ich bin. Und das muss er auch.«

»Guter Junge. Und Danas Tante? Weiß die auch immer, wo Dana ist?« Mit meinen Fingern klopfte ich gelangweilt einen Rhythmus auf die Matratze.

»Wie meinst du das?« Plötzlich sah Flocke deutlich wacher aus.

»Ooooch, ich hab da was gehört. Offenbar hat Dana mich in den Ferien oft besucht, sie hat sogar bei mir übernachtet. Nur – ich war gar nicht hier.«

Florian bekam eine sehr hübsche, rosige Gesichtsfarbe. »Wieso sagt sie dir das? Was geht dich das an?«

»Ey! Du bist doch mein Bruder. Und sie ist meine Freundin.« Er schnaubte wütend.

»Komm mal wieder runter, Bro. Dana hat mir das geschrieben, damit ich mich vor ihrer Tante nicht verplappere. Das musste sie ja wohl. Deine Intimsphäre ist ansonsten bestens gewahrt. Ich weiß nichts …«

Er atmete erleichtert auf und erhob sich von meinem Sessel.

»… bis auf das, was Rosalie gesehen hat.«

Knall. Peng. Tür zu.

15.00 Uhr Super. Jetzt sind alle hier im Haus auf mich sauer. Rosalie auch, weil Flocke sie gefragt hat, was sie mir erzählt hat. Und sie hat ja gar nichts gesagt. Aber: Ich habe auch nicht behauptet, die Rosine hätte was gesagt. Ich habe ihr alles nur angesehen. Und warum soll ich darüber nicht mit ihm reden? Das geht mich schließlich auch was an. Ich bin seine UND ihre Schwester!

Außerdem ist Rosalie auch sauer auf mich, weil ich nicht mit ins Kino gehe. Aber dafür kann ich ja wohl echt ÜBERHAUPT nichts! Ich hab mir diesen bescheuerten Hausarrest wirklich nicht ausgesucht! Wobei das mit dem Kino dabei mein kleinstes Problem ist und vermutlich hat sie das gemerkt.

15.10 Uhr Schnüff. Alle meine Freunde sind jetzt im Freibad, zum Nachtreffen des Inselteams. Nur ich nicht. Und ich wollte denen nicht sagen, dass ich Hausarrest habe, also habe ich behauptet, ich hätte keine Zeit.

Nicht mal Tom kennt die Wahrheit. Nur Maiken, und die schickt mir alle halbe Stunde eine aufmunternde SMS.

Aber auch solche: »Vicky hat schon wieder einen neuen Bikini. Trägerlos, mit Leopardenmuster. Würg.«

Ich möchte ja zu gern wissen, was Tom und Vicky in dieser einen gemeinsamen Nacht auf der Insel getan haben. Maiken findet, ich solle ihn nicht fragen. Er fragt mich ja auch nicht nach meiner kurzen Beziehung mit Jakob, sagt sie.

Aber natürlich habe ich Tom doch gefragt. »Es war was Privates«, hat er gesagt. Und dass er Vicky versprochen hat, mit keinem darüber zu reden.

Was Privates? Toll! Als seine Freundin höre ich es gern, wenn er was Privates mit anderen Mädchen hat. Und mal abgesehen davon: Was bin denn bitte schön ich? Die Öffentlichkeit, oder was? Maiken sagt, ich solle Tom vertrauen. Grrrrrr.

Das tu ich ja. Aber ich vertraue Vicky nicht.

16.07 Uhr Rosalie und Paps sind weg. Ich gehe mal runter und sehe nach, was er gestern gekauft hat.

16.17 Uhr Wahnsinn!!! Das ist echt heftig! Ich weiß jetzt, warum mein Vater zum Tyrannosaurus Paps geworden ist. Und ich muss dringend was tun? Nur was?
Unter seinem Sofa im Arbeitszimmer lag eine Tüte und darin waren Bücher. Aber was für welche.
Das erste hieß »Du bist der Leitwolf – Konsequenz in der Hundeerziehung«. Oha, dachte ich, Primelchen, es brechen traurige Zeiten für dich an. Aber keine Angst, ich bin bei dir. Beim nächsten Buch wurde ich blass. »Pubertäter brauchen Väter« hieß es. Und darunter stand: »Hart, aber gerecht durch stürmische Zeiten«. Tja, kleiner Hund, ich kann dir wohl doch keine Hilfe sein. Auch für mich werden die folgenden Wochen nicht leicht.

Und dann zog ich das letzte Buch aus der Tüte und wusste: Wir hängen alle mit drin. Auf dem Cover sah man ein weit aufgerissenes Löwenmaul. Zwischen den Zähnen stand der Titel: »Mann oder Memme? In sieben Schritten zu mehr Durchsetzungskraft«.

16.24 Uhr Maaaaaamaaaaa!!!! Hiiiilfe! Komm zurüüüüüück!

16.28 Uhr Oh!! Da klopft jemand an meine Tür.

17.30 Uhr Dana!!! Sie war bei Flocke zu Besuch, und als er mit dem Hund rausmusste, ist sie hiergeblieben. Sie wollte sich endlich mal wieder ganz allein mit mir treffen. Als sie da in meiner Tür stand, habe ich erst gemerkt, wie sehr ich sie vermisst habe.

Dana ist einmalig. Wenn es sie nicht gäbe, müsste man sie erfinden. Sie ist nicht der Typ Mädchen, den man beim Wiedersehen kreischend und quiekend umarmt. Es reicht, wenn man einfach »hey, komm rein« sagt, und das tat ich. Wir setzten uns auf den Teppich vor meinem Bett, lehnten uns mit dem Rücken an die Bettumrandung und lächelten uns an.

»Und?«, fragte Dana.

»Ooooch. Jaaa«, sagte ich.

»Dein Vater. Hab schon davon gehört.« Sie rutschte ein bisschen näher an mich ran.

»Und selbst?« Ich sah sie von der Seite an. Sie wirkte blass und hatte Ringe unter den Augen.

»Alles ein bisschen kompliziert.«

»Deine Tante?«

»Auch. Aber nicht nur.« Sie seufzte.

Fast hätte ich die Sache mit Maiken angesprochen. Aber zum Glück fiel mir gerade noch rechtzeitig ein, dass Dana ja gar nichts davon wusste. Maiken hat ihr nie erzählt, dass sie auch in Flocke verliebt gewesen ist. Und warum jetzt noch darüber reden? Ich glaube, Maiken ist inzwischen sowieso längst darüber hinweg. Wenn ich mich nicht täusche, gibt es da einen anderen, der sie interessiert. Und Dana hat natürlich ganz andere Probleme. Flocke plant schließlich gerade seine große Reise, bald ist er ein Jahr lang weg. Mensch, mir würde das Herz brechen, wenn Tom für ein Jahr aus meinem Leben verschwinden würde.

»Australien, oder?«, fragte ich.

»Jep. Aber sag nix zu Florian. Er will da unbedingt hin und das ist auch okay so.«

»Klar. Ich sag nix.« Das ist Dana immer am liebsten. Sie redet nie viel über Dinge, die man sowieso nicht ändern kann.

Was ich sonst noch nicht sagte, war ungefähr das: Hey, ich würde dir so gern von Tom und mir erzählen. Aber das geht nicht, denn dann wäre es nur natürlich, wenn du mir auch von Flocke und dir erzählen würdest. Und das lassen wir besser. Ich will ja eigentlich wirklich gern wissen, was du erlebst, aber er ist mein Bruder und sein Liebesleben geht mich gar nichts an. Was er zu dir sagt und wie er küsst und was ihr sonst so miteinander tut, das kann ich mir einfach nicht anhören. Er würde es dir auch nicht verzeihen, wenn du es mir erzählen würdest. Und wenn ihr streitet, wüsste ich nicht, auf wessen Seite ich sein sollte.

Und was Dana nicht zu mir sagte, war dies: Lilia, mir geht's schlecht. Meine Mutter ist weit weg in Afrika und meine Tante ist so alt, dass sie schon fast mumifiziert ist, und du bist die Schwester meines Freundes und Maiken ist immer so abgehoben und kommt mit homöopathischen Kügelchen, wenn die Seele schmerzt. Ich habe also niemanden, mit dem ich über alles reden kann. Normalerweise ist das für mich ja okay. Aber jetzt geht Flocke auch noch weg, für ein Jahr auf die andere Seite der Welt, und irgendwie würde ich dazu schon gern ein paar Worte zu irgendwem sagen. Wobei – ändern würde das auch nichts. Warum also damit anfangen? Lassen wir's lieber. Wir ließen es also, aber wir wussten trotzdem, was los war. Ich rutschte auch ein bisschen näher an Dana ran.

»Du, ich glaube, was wir hier gerade erleben, ist das, was man rückwirkend eine glückliche Jugend nennt.« Dana lächelte mich an.

»Ja.« Ich lächelte auch. »Noch wenn wir alt und grau sind, werden wir uns an diese wundervolle Zeit unserer ersten Liebe erinnern.«

»Scheiße, ja. Wir werden mit dem Kopf wackeln und davon schwärmen, wie wir die ganze Welt durch eine rosarote Brille sahen und nur so schwebten vor Glück.« Wir seufzten beide und dann mussten wir lachen.

»Und was machen wir jetzt?«, fragte Dana.

»Du hilfst mir, mein Zimmer umzuräumen«, schlug ich vor und sprang auf. »Ich kann ja wohl nicht mit Tom auf demselben Teppich rumknutschen, auf dem ich vor ein paar Jahren noch mit ihm Lego gespielt habe. Und die Pferdebücher müssen auch endlich auf den Speicher, voll peinlich, dass die noch hier sind. Und die Snoopy-Bettwäsche muss weg. Ich brauche einen neuen Einrichtungsstil. Einen Style.« Ich wackelte mit dem Po und versuchte, stylish auszusehen.

»Snoopy bleibt«, bestimmte Dana. »Alles Bunte fliegt raus, dein neuer Style ist jetzt schwarz-weiß, und da passt Snoopy prima rein. Außerdem sieht er ein bisschen aus wie Primel. Und es ist uncool, zu cool zu sein. Du brauchst ihn als Stilbruch.«

Und dann räumten wir um, mit lauter Musik und noch lauterem Gesang. Und Snoopy blieb.

»Wenn man doch auch Väter einfach umräumen könnte, wenn man aus ihrer Erziehung rausgewachsen ist.« Zufrieden standen wir in der Mitte des Raumes und sahen uns um.

»Vielleicht kann man's ja«, meinte Dana. Dann drückte sie mich kurz und verschwand wieder in Flockes Zimmer.

43

»Sobald ich wieder Freigang habe, räumen wir dein Zimmer auch um«, rief ich ihr nach.

»Nee, da ist es viel zu unordentlich. Ich will lieber eine neue Frisur.« Sie hob die Hand zum Abschied.

»Darf ich da mitreden?«, fragte Flocke, der schon an der Zimmertür auf sie wartete. Ich hörte noch, wie sie »nö« sagte und wie er protestierte.

Typisch Mann. Erst krempelt er ihr Leben um, dann verschwindet er einfach für ein Jahr, und sie darf nicht mal mehr selbst über ihre Haare bestimmen. Wenn der nicht mein Bruder wäre, hätte ich dazu eine Meinung. Aber er ist es nun mal und ich halte die Klappe. Zumindest, solange Dana zuhört.

18.30 Uhr Tja. Und jetzt muss ich mir langsam mal überlegen, was ich mit Paps und Tom mache. Ich weiß, ich muss Tom das mit dem Hausarrest erzählen. Das Problem ist nur: Ich will nicht, dass er schlecht über meinen Vater denkt. Und man kann über die Erziehungsmaßnahmen und die seltsamen Bücher meines Vaters ja nur Schlechtes denken. Erst recht, wenn man Eltern hat wie Tom. Möglich, dass Barkers früher auch mal ähnlich verkrampft wie Paps waren. Aber wenn, dann hat Tom das nie erlebt. Er ist nämlich die Rosine in seiner Familie. Tom hat zwei Schwestern, die viel älter sind als er und längst studieren. Und die beiden Großen haben ihre Eltern ganz gut abgehärtet, bei denen ging es rund.

Seit Anna und Lea aus dem Haus sind, ist bei Barkers Ruhe eingekehrt. Toms Eltern fühlen sich wohl schon ein bisschen so, als wären die Kinder aus dem Haus und als hätten sie plötzlich wieder alle Freiheiten der Welt. Sie haben gemeinsame Hobbys, verreisen viel miteinander und haben ihr eigenes Leben. Tom ist ihr Nesthäkchen und sie lieben ihn sehr, aber sie müssen nicht mehr an ihm rumerziehen. Er kann der sein, der er ist, und tun, was er will, solange er sich an ein paar Absprachen hält: Er sollte einigermaßen regelmäßig bei den Mahlzeiten erscheinen, außerdem die Schule im Griff haben, nicht zu viel Geld ausgeben, weil die Schwestern ja beide studieren, und ein paar Haushaltspflichten erledigen. Zum Beispiel muss er sich selbst um seinen Hund kümmern und morgens vor der Schule schon mit ihm Gassi gehen. Der Rest ist seine Sache. Was für ein Leben! Ich wünschte, Paps und Tom hätten eine Art Filter in ihren Pupillen eingebaut, der verhindern würde, dass sie sich überhaupt sehen können. Und einen in ihrer Zunge, damit sie auch nichts übereinander sagen. Ich will nämlich nicht wissen, was Paps über Tom und »Säggs« denkt, und auch nicht, was Tom von seinen väterlichen Marotten hält. Ich will erst mal wissen, was ich selbst denke.

Mein Leben hat sich ganz schön verändert. Ich kann über nichts mehr reden, will nichts mehr hören und weiß nicht mehr, was ich denke. Klingt echt nach Wolke sieben.

19.00 Uhr Habe eben heimlich in »Mann oder Memme« gelesen. Jetzt weiß ich: Mehr Durchsetzungskraft hat man, wenn man sich Ziele setzt. Ohne Ziele ist man wie ein Schiff ohne Ruder oder wie ein Kutscher ohne Pferd oder wie ein Auto ohne Motor. Und diese Ziele soll man schriftlich festhalten, man soll einen Vertrag mit sich selbst schließen. Das klappt bestimmt nicht nur bei Männern. Okay. Frau oder Memme? Hier ist der neue Vertrag zwischen Lilia Kirsch und Lilia Kirsch:

1. Ich will ab sofort für voll genommen werden und werde dafür sorgen, dass mein Vater begreift, dass man nicht achtzehn Jahre lang klein und dann von einem Tag auf den anderen groß ist. Sechzehn ist schon kurz vor achtzehn und ich möchte nicht mehr behandelt werden wie meine fünfjährige Schwester!

2. Ich will herausfinden, wie man das schafft mit der Liebe und dem Alltag. Man kann ja leider nicht vierundzwanzig Stunden am Tag einfach so vor sich hin lieben, man hat ja nebenher zu tun. Und irgendwie passt in meinem Leben alles gerade so schlecht zusammen: Paps und Tom, Rosalie und Tom, ab morgen Schule und Tom. Zwischen Tom und meinem »anderen« Leben ist eine tiefe Kluft. Das muss sich ändern. Work-Love-Balance heißt das Stichwort.

3. Wieso glaubt Paps eigentlich, Jungs in unserem Alter hätten nichts anderes im Kopf als Sex? Nicht, dass das falsch wäre. Aber wieso kommt er nicht auf die Idee, auch Mädchen könnten über dieses Thema nachdenken? Genau genommen gehören dazu ja im Idealfall zwei. Und ich werde mir so langsam mal eine Meinung zu diesem Thema bilden.

19.45 Uhr So. Der erste Schritt ist getan, und zwar zu Paragraph zwei meines Vertrages, der Sache mit der Kluft zwischen Tom und meinem Alltag. Habe ihn angerufen und ihm alles von Paps erzählt. Und dann habe ich gesagt, dass ich darüber nicht reden will.
Oh Wunder, es hat geklappt. Keine Fragen, keine Kommentare. Er hat einfach »okay« gesagt. Und dass wir uns ja morgen in

der Schule acht Stunden lang sehen. Und dann hat er mir von dem Nachtreffen im Freibad erzählt.

Vicky und ihren Bikini hat er nicht erwähnt. Ist das ein gutes oder ein schlechtes Zeichen? Vermutlich weder noch. Vermutlich heißt es einfach NICHTS, wenn Tom NICHTS sagt.

Betreff: Er kömmt!
Datum: 26.06., 23:59 Uhr
Von: Felix von Winning <snert@web.de>
An: Tom Barker <wolfspfote@gmail.com>

Teurer Freund,

mit Bedauern vernahm ich die Kunde, dass in deinen Gefilden nun mittelalterliche Minne-Gesetze herrschen. Lasse dir von einem alten Gefährten einen weisen Rat geben: Sei vorsichtig! Erzürne den Vater deiner Liebsten nicht, sonst besteht die Gefahr, dass deine holde Maid von ihm in einem Turm eingekerkert wird und du künftig an ihrem Haar in ihre Gemächer klettern musst. Verhindere dies! Sei ein Kavalier alten Schlages und freie um die Hand der Holden, wie einst unsere Väter um die Hand ihrer Liebsten freiten. Konkret: Wenn er will, dass du tagsüber kommst, dann komm halt tagsüber.

Mit Freuden tue ich dir kund, dass mein Bleiben in diesen Hallen nun wirklich ein Ende hat und ich dir zur Hülfe eilen werde. Noch zwei Mal geht die Sonne auf, dann sattele ich die Pferde und reise gen Heimat. Wohlan, werter Freund, bereite das Festmahl und lade die Damen zu Tisch.

Konkret: Am Dienstag kommt der Babo, Chabo. Ich will euch alle sehen! Kannst du das organisieren?

X

Montag, 27. Juni

Gaah! Habe heimlich in »Pubertäter brauchen Väter« gelesen. Horror! Da steht: »Im Gehirn eines Teenagers sterben pro Sekunde dreißigtausend Nervenverbindungen ab.« Das hätte ich lieber nicht gewusst.

6.30 Uhr Der Buchautor Professor Doktor Heinrich Mandelklott rät Vätern deswegen: »In den Jahren zwischen 13 und 18 kann Ihr Kind nicht denken. Sein Gehirn ist nämlich wegen Umbau geschlossen. Übernehmen Sie daher das Denken und machen Sie klare Vorgaben. Das entspannt die heimische Situation.«

Oh, ich hasse dieses ganze Pubertätsgerede! Ich hasse, hasse, hasse es. Als Kind heutiger Eltern kannst du ja in keinem Alter einfach nur du selbst sein. Du tappst von einer Phase in die nächste. Egal, wer du bist, was du tust und was du denkst, immer ist es typisch für dein Alter und immer verdrehen Eltern halb genervt, halb nachsichtig die Augen und behaupten, das würde sich irgendwann von selbst geben. Als wäre man eine Krankheit, ein Schnupfen oder so! Und die Sache mit dem Gehirn im Umbau ist wirklich ein Totschlagargument. Egal, was ich sage, ohne Gehirn kann es ja nur Schwachsinn sein.

Wenn meine Eltern einmal, nur ein einziges Mal, inhaltlich auf etwas eingehen würden, das ich an ihnen kritisiere, was wäre das schön.

Und wenn schon unbedingt etwas typisch an mir sein muss, dann soll es wenigstens typisch Lilia sein. Nicht typisch Analphase oder typisch Trotzphase oder Wachstumsphase oder Vorpubertät oder Pubertät oder was auch immer. Oh, Mann, ich bin echt genervt!!!

7.00 Uhr Ich weiß jetzt, wie ich es machen werde. Ich schlage Paps mit seinen eigenen Waffen.

Hehehe. Der Plan ist gut. Ab sofort ist Paps offiziell in der Midlife-Crisis. Das ist gaaanz normal, Papilein. Ich werde mich umfassend darüber informieren, was jetzt in deinem Körper vorgeht, wie dein Gehirn nachlässt und wie ich dich richtig behandeln muss. Ich erinnere mich noch an diese Kurven beim Kinderarzt, wo man nachgucken konnte, ob wir richtig gewachsen waren. Ob es so was auch für alte Menschen gibt? Schrumpfkurven vielleicht? Alte Menschen werden ja immer kleiner. Oder Wachstumskurven für die Ohren, die werden nämlich immer größer.

Oh ja, ich werde Wissenswertes über das Alter herausfinden, und du, Paps, WIRST ES ERFAHREN!

Aber jetzt habe ich erst mal Hafturlaub. Das einzig Gute am Hausarrest ist, dass ich nicht mehr traurig übers Ferienende bin, sondern mich plötzlich auf die Schule freue! Und ich werde jetzt umschalten in meinem so unfähigen Gehirn. Ich bin jetzt nicht mehr Lillykind, die sich wie ein Kleinkind über ihren ungerechten Vater aufregt. Ich bin jetzt wieder Lilia. Und wenn ich gleich in die Schule gehe, treffe ich da meinen Freund. Wow!

8.15 Uhr Da gibt es doch diese Szene in dem ersten *Twilight*-Film: Bella und Edward haben sich ineinander verliebt und zwischen ihnen ist alles klar, aber noch weiß keiner, dass sie zusammen sind. Und dann holt Edward sie morgens mit dem Auto ab und fährt sie zur Schule. Dort steigt er aus, sieht ein paar Sekunden lang umwerfend aus, schreitet dann ums Fahrzeug herum, öffnet die Beifahrertür und Bella steigt aus. Auf dem Schulhof wird es still. Ein Mädchen sagt »Oh, mein Gott«. Und Bella und Edward gehen Seite an Seite langsam über den Schulhof und er verschlingt sie durch seine riesige Sonnenbrille hindurch mit Blicken. Ein großer Moment!
Sie ist ein bisschen schüchtern und sagt ganz zart: »Du weißt, alle starren uns an.« Jetzt Zeitlupe. Man sieht die anderen, sie starren wirklich rüber. Aber Edward entgegnet überaus männlich: »Wir brechen jetzt sowieso alle Regeln.« Dann legt er beschützend seinen Arm um ihre Schulter und sieht noch ein bisschen umwerfender aus.

8.30 Uhr Tja. So war es heute bei Tom und mir NICHT.
Ich habe vorm Haus auf ihn gewartet, aber er kam ewig nicht. Irgendwann tauchte er auf, ohne Fahrrad, das hatte nämlich einen platten Hinterreifen. Kurz war es dann auch bei uns sehr romantisch: Tom schloss mich in seine Arme und küsste mich, wie man sich zu Zeiten, als Frau Witt jung war, garantiert nicht mal im Schlafzimmer geküsst hat. Und auf der Straße schon gleich gar nicht. Hoffentlich hat Frau Witt das nicht gesehen, sonst

51

erzählt sie es wieder Paps und er kauft sich noch mehr Erziehungsbücher. Ein Kuss, dann war aber Schluss, denn wir hatten nur noch ein paar Minuten Zeit und mussten zur Schule rennen. Die Tür vom Bio-Saal war schon zu, als wir kamen. Niemand rief »Oh, mein Gott«, als wir sie aufrissen, reinhetzten und uns auf unsere Plätze fallen ließen. Herr Welter knurrte nur »Auch schon da?«, und das war's.

Und da sitzen wir jetzt. Ich auf der einen Seite des Raums, am Fenster, er auf der anderen, an der Tür. Ich habe keine Ahnung, worüber Herr Welter spricht. Aber ich weiß genau, wie Tom mich gerade ansieht. Anbei bemerkt: Er sieht viel umwerfender aus als Edward im Film. Und ich wünsche mir nur eins: Ich möchte endlich mal wieder mit ihm allein sein. So wie auf der Insel. Da waren wir morgens, mittags, abends und nachts allein. Und in diesem Raum hier sind definitiv dreißig Menschen zu viel. Oder nein, eigentlich nur zwei. Tom und ich, wir sind hier zu viel, wir sollten woanders sein.

8.45 Uhr Ich habe jetzt doch mitbekommen, um was es heute geht: um Verdauung. Menschen haben zwei Arten von Speichel, dünnflüssigen Verdauungsspeichel und schleimhaltigen Gleitspeichel. Ja, da lohnt sich doch der Schulbesuch. Mein Leben wäre ärmer, wenn ich das nicht wüsste. Ob ich das beim nächsten Kuss wieder vergessen kann?

9.15 Uhr »Wenn ihr glaubt, dass ihr mich jetzt für heute überstanden habt, dann täuscht ihr euch«, sagte Herr Welter eben gut gelaunt zu uns. »Wir sehen uns gleich nach der Pause im Klassenzimmer wieder.« Wieso das denn?

9.40 Uhr Tatsächlich. Da steht er wieder, vorne an der Tafel. Frau Kracht ist schwanger und ihr Mutterschutz hat angefangen. Wir haben Herrn Welter jetzt bis zu den Sommerferien auch in Geschichte.

Für mich ist das okay, ich sehe ihn immer gern. Sein Anblick ist so schön augenschonend und reizarm. Alles an ihm ist nämlich beige. Haare, Haut, Kleidung, sogar die Zähne. Wenn er direkt vor der beigen Wand in unserem Klassenzimmer steht und sich nicht bewegt, sieht man ihn fast nicht. Frau Kracht ist immer so laut und grell.

Mir persönlich sind unauffällige Lehrer lieber als solche in Kontrastfarben. Man muss Lehrpersonen ja oft und lange ansehen, und wenn man dabei immer über ihr Aussehen und ihre Klamotten nachdenkt, kommt man gar nicht zu anderen Überlegungen. Bei Herrn Welter ist das kein Problem, bei ihm kann man die Seele baumeln lassen.

9.48 Uhr Na, auch nicht immer. Für heute hat er etwas vorbereitet. Er spielt uns gleich ein Lied vor und wir sollen raten, was das ist. Gerade kämpft er noch mit technischen Problemen.

9.51 Uhr Uuuh. Wo hat er das denn her? Klingt grauenhaft. Ein Technobeat und dazu die zittrige Stimme einer alten Frau.

9.55 Uhr Herr Welter ließ uns nicht lange raten, was wir da hörten. »Das ist Jeanne Calment, die älteste Frau der Welt. Zum Zeitpunkt dieser Aufnahme war sie 121 Jahre alt. Sie hat mit dieser CD einen Kleinbus für ihr Altersheim mitfinanziert.« »Krass!«, röhrte Fabi. »Hat das jemand gekauft?«

»Ich zum Beispiel.« Herr Welter schaltete den Krach ab und rieb sich zufrieden die Hände. »So. Das war der Einstieg in unser neues Thema.«

»Welches Thema?«, fragte Fabi misstrauisch. »Alter, Tod, schlechte Musik oder was?«

»Zeit!« Herr Welter sah sich begeistert um, aber niemand freute sich mit ihm. »Stellt euch mal vor: Diese Frau, die ihr da eben gehört habt, hat einst Vincent van Gogh die Hand geschüttelt. Und sie hätte auch mir noch die Hand schütteln können. Euch nicht, aber euch hätte sie vielleicht noch übers Babyköpfchen streicheln können.« Herr Welter schritt durch die Tischreihen, hielt bei Nina an, nahm ihr das Handy aus der Hand, mit dem sie gerade unterm Tisch eine SMS versandt hatte, ging nach vorn und legte es aufs Pult. »Als Jeanne Calment 1875 in Frankreich geboren wurde, war das Telefon noch nicht erfunden, der Eiffelturm noch nicht gebaut, es gab noch keine Autos, keine Kühlschränke, keine Flugzeuge«, sagte er, ohne auf Ninas Protest einzugehen.

»Ja, und in Frankreich lebten noch die Gallier«, brummte Tobi. Herr Welter erdolchte ihn mit Blicken, aber er war viel zu begeistert, um seinen Redeschwall zu unterbrechen. »Als der Erste Weltkrieg ausbrach, war Jeanne Calment 39. Als der Zweite begann, war sie 64. Und als sie starb, habt ihr schon gelebt. Jeanne Calment wurde 122 Jahre, 5 Monate und 14 Tage alt.«

»Halleluja«, sagte Fabi. »Wie hat sie das geschafft?«

»Man weiß es nicht. Sie hat sogar geraucht. Vermutlich waren es die Gene. Sie musste aber auch nie in ihrem Leben hart arbeiten.«

Hoho, haha, hört, hört. Stimmengemurmel überall.

»Arbeitsaufgabe!«, donnerte Herr Welter. »Und bevor ihr jetzt meutert, Arbeit sei ungesund: Harte Arbeit ist echt was anderes. Das hier schadet keinem! Passt auf: Im Jahr 1891 war Jeanne Calment 16 Jahre alt, so wie ihr jetzt. Stellt euch vor, sie säße euch gegenüber und ihr hättet eine Frage frei. Was würdet ihr fragen?«

»Sprechen Sie Deutsch?«, murmelte Tom.

Herr Welter warf ihm einen langen Blick zu. »Los jetzt, Leute. Was wollt ihr über das Leben von Jugendlichen im Jahr 1891 wissen? Jeder überlegt sich eine Frage, kommt vor und schreibt sie an die Tafel.«

10.17 Uhr Und das stand an der Tafel:
Haben Ihre Eltern oder Ihre Lehrer Sie geschlagen?
Wie haben Sie sich gestylt, wenn Sie abends weggegangen sind?
Was hatten Sie an? Waren Sie geschminkt?
Durften Sie abends überhaupt weg?
Hatten Sie eine Kutsche?
Welche Musik haben Sie gemocht?
Was haben Sie gegessen? Und getrunken? Gab es schon Cola?
Wann haben Sie zum ersten Mal einen Jungen geküsst?
Hatten Sie ein Klo in der Wohnung?
Was waren Ihre Hobbys?
Hatte van Gogh noch beide Ohren, als Sie ihn gesehen haben?

»Interessant«, sagte Herr Welter, als er einen Blick auf die Tafel geworfen hatte. »Wir gehen jetzt in den Computerraum und ihr recherchiert jeweils zu zweit die Antworten auf diese Fragen. Und wenn sich keine exakte Antwort finden lässt, so wie vermutlich bei der Frage nach dem ersten Kuss, dann recherchiert ihr eben, wie realistisch es ist, dass Jugendliche 1891 mit sechzehn schon jemanden geküsst haben.«

11.10 Uhr Echt interessant, was wir herausgefunden haben: Es ist ziemlich wahrscheinlich, dass Jeanne Calment von ihren Eltern geschlagen wurde. Von ihren Lehrern nicht, aber nur, weil sie als Mädchen damals vermutlich nicht zur Schule gegangen ist. Die Jungs wurden dort geschlagen, das war ganz normal. Selbst hier bei uns durften Lehrer noch bis 1972 ihre Schüler schlagen.

Zu den Klamotten: Man trug als Mädchen helle, bodenlange Kleider mit Glockenrock, Puffärmeln und sehr schlanker Taille. Dafür, dass die Taille auch wirklich wespenhaft schmal war, sorgte ein eng geschnürtes Korsett. Unterhosen hießen »die Unaussprechlichen« und hatten Hosenbeine bis fast zum Knie. Und obenrum trugen die Damen schon so etwas Ähnliches wie einen BH. Das merkwürdige, wattierte Gebilde hieß »Brustverbesserer«. Die Haare trugen Mädchen damals lang, sie wurden hochgesteckt, und darauf gehörte zumindest draußen ein Hut.

Geschminkt haben Mädchen sich nicht. Der Lippenstift war zwar schon erfunden, galt aber als sündhaft und unfein. Feine Damen schwärzten sich aber die Wimpern und die Augenbrauen, sie puderten sich einen hellen Teint und färbten sich auch heimlich die Wangen rot.

Zum Thema Küssen: Das 19. Jahrhundert war eine extrem prüde Zeit und Erzieher haben alles getan, damit Jungs und Mädchen sich möglichst nie ohne Aufsicht trafen. Ob das allerdings gelungen ist? Ich habe da so meine Zweifel. Mit einundzwanzig heiratete Jeanne Calment aber einen Cousin und den wird sie ja wohl geküsst haben. Sie liebte Reiten, Fechten, Theater und Musik. Vermutlich hatten ihre Eltern ein Pferd und einen Wagen. Und sie tanzte gern die »Farandole«, einen provenzalischen Volkstanz zu Flötenmusik und Tamburin.

Cola gab es übrigens wirklich damals schon, es enthielt sogar Kokain. Und sehr reiche Leute hatten in Frankreich auch schon ein Klo mit Wasserspülung, aber so wohlhabend waren Jeannes Eltern vermutlich nicht. Wahrscheinlich benutzten sie Nachttöpfe und hatten ein Plumpsklo außerhalb des Hauses. Manchmal hatten Familien sogar Gemeinschaftsklos mit mehreren Sitzen. (Bäh! Früher war gar nicht alles besser als heute! Allein die Vorstellung! Familienkonferenz auf dem Klo?)

Ach ja, dann waren da noch die Ohren von Vincent van Gogh: Der Maler hat 1890 irgendwie sein linkes Ohr verloren und später behauptet, er hätte es sich selbst in einem Anfall von Wahn abgeschnitten. Vielleicht war das aber auch sein Kumpel, der Maler Paul Gauguin, und van Gogh hat ihn nur gedeckt. Fest steht: Das war ein Jahr, nachdem Jeanne ihn getroffen hatte. Sie kannte ihn also noch als Zweiohrmaler.

»Was mir an euren Fragen auffällt«, sagte Herr Welter, »ist Folgendes: Alles, was ihr wissen wollt, unterscheidet sich deutlich von dem, was normalerweise in Geschichtsbüchern steht.«

»Klar. Weil wir das aus den Geschichtsbüchern natürlich alles schon wissen«, meinte Benny und faltete brav seine Hände.

»Genau«, gab Herr Welter ihm recht. »Ihr seid in den letzten Jahren im Unterricht einmal durch die gesamte Geschichte durchgewandert. Und jetzt kommt etwas Neues. Ein neuer

Blickwinkel. Jetzt sollt ihr euch Geschichte nicht mehr einfach so reinziehen, jetzt möchte ich in euch echtes Geschichtsbewusstsein wecken. Ihr sollt verstehen, dass unsere Zeit die Vergangenheit von morgen ist. Und ihr sollt kapieren, dass ihr Zeitzeugen seid, also wirklich Zeugen eurer Zeit.« Herr Welter sah uns auffordernd an, als sollten wir jetzt etwas sagen oder in Jubel oder gar Tränen der Rührung ausbrechen. Aber wir starrten ihn nur an. Wir hatten nämlich den begründeten Verdacht, dass jeder, der jetzt einen Mucks von sich gab, drankommen würde, um irgendetwas sehr Unangenehmes, Peinliches tun zu müssen. Herr Welter hatte so etwas Feierliches in der Stimme, dass uns sicher nicht ohne Grund misstrauisch machte.

»Zeitzeugen!«, schmetterte er noch einmal. »Zeugen eurer Zeit.« Wir sagten immer noch nichts. Das brachte ihn auf den harten Boden der Realität zurück. »Okay. In den kommenden zwei Wochen habt ihr einen Arbeitsauftrag. Und der lautet: Augen auf. Ohren gespitzt. Alle Sinne auf Empfang. Und dann schreibt ihr auf, was euch auffällt. Das ist nämlich ein Schreibprojekt. Im Vordergrund steht dabei die Frage: Was sollten Menschen in hundert Jahren über uns heute wissen. Was wird in Vergessenheit geraten, wenn wir nicht daran erinnern? Was steht garantiert nie in Zeitungen oder Geschichtsbüchern und bestimmt doch unseren Alltag und unser Leben mehr als die Frage, wer gerade Bundeskanzler ist und welche Gesetze heute gelten.« Genau in diesem Moment begann Ninas Handy vorne auf dem Pult zu knattern wie ein Maschinengewehr. »Ja!«, jubilierte Herr Welter. »Auch so etwas gehört dazu. Mein Handyklingelton: Wie oft wechsele ich ihn, worauf achte ich dabei, was soll er über mich aussagen? Auch das könnte so ein Text werden. Schreibt es auf. Schreibt alles auf!«

»Und wer liest das dann?«, fragte Benny gelangweilt. »Also, wenn Nina über ihr Handy schreibt, les ich das nicht.«

»Guuute Frage!« Herr Welter sah Benny an, als hätte er eben die Weltformel errechnet. »Jeder von euch schreibt drei Texte über Dinge, Orte, Ereignisse oder Menschen, die für ihn wichtig sind. Ja, auch Orte sind möglich. Beschreibt ruhig auch mal ein Haus, einen Platz, ein Zimmer, eine Landschaft, das sieht ja alles in 100 Jahren anders aus als jetzt. Verknüpft alles mit persönlichen Eindrücken und Erlebnissen. Niemand wird diese Texte lesen. Ich kontrolliere nur, ob ihr sie geschrieben habt, aber nicht, was darin steht. Ihr bekommt sie aber nicht zurück. Denn jetzt kommt's!« Er strahlte uns an. »Das ist nämlich nicht nur ein Schreibprojekt, sondern natürlich auch ein Geschichtsprojekt. Lebendige Geschichte!« Seine Stimme kiekste an dieser Stelle vor Lehrerglück. »Alle Aufsätze kommen in eine Mappe und die übergebe ich dem Stadtarchiv. Dort wird sie dreißig Jahre lang verschlossen aufbewahrt. Nach dieser Zeit kann jeder von euch seine Texte anfordern, lesen und entscheiden, ob ihr sie für die Öffentlichkeit freigebt oder wieder an euch nehmen wollt. Die verbleibenden Texte werden für spätere Generationen archiviert. Vielleicht werdet ihr dann noch nach eurem Ableben plötzlich berühmt.«

MussdasseinwielangsollendieTexteseinwielangehabenwirZeit, gibtesdafürNoten – alle redeten durcheinander, keiner hörte mehr zu. Und dann klingelte es und die Stunde war vorbei.

Also, ich finde das super. Nichtigkeiten des Alltags aufschreiben und zum Weltereignis erklären! Ha! Das ist genau mein

Ding! Ich kann einfach ein paar Seiten aus meinem Tagebuch abschreiben – und fertig.

Allerdings frage ich mich, was die anderen schreiben. Maiken verfasst bestimmt eine Anleitung zum Meditativen Trommeln. Und Vicky textet was über Lippenstiftfarben. Aber worüber schreibt Tom? Am liebsten würde ich alle Texte klauen und sie heimlich lesen. Wenn ich Herr Welter wäre, wüsste ich nicht, ob ich es schaffen könnte, alles ungelesen wegzuschließen. Da erhält man garantiert tiefe Einblicke ins Seelenleben der Schreibenden. Aber genau deswegen wäre das natürlich auch gemein. Also, ich traue es Herrn Welter zu, dass er es schafft. Der lügt nicht.

14.18 Uhr Nach dem Mittagessen hat Tom mich auf dem Weg von der Mensa zur Schule zurückgehalten, um unter vier Augen mit mir zu sprechen. Und jetzt lief das bei uns dann doch wenigstens ein bisschen wie bei Bella und Edward. Tom legte seine Hände auf meine Hüften und küsste mich und plötzlich starrten alle zu uns rüber. Ein paar Mädchen aus der Parallelklasse steckten die Köpfe zusammen und tuschelten. Jakob tat so, als würde er uns nicht sehen, weil er so damit beschäftigt war, das Hinterteil seiner neuen Freundin zu betätscheln. Aber er schielte doch rüber, ich habe es genau gesehen.

»Wir brechen jetzt sowieso alle Regeln«, murmelte ich filmreif. Tom hielt inne, überlegte und hörte dann leider auf, mich zu küssen. »Nein, du, darüber will ich mit dir reden. Genau das sollten wir nämlich nicht tun.«

»Hä?«, sagte ich. Okay, filmreif war dieser Dialog doch nicht.

»Es geht um deinen Vater.« Toll, dachte ich. Jetzt also doch noch eine Grundsatzdiskussion über ein Thema, das ich am liebsten vergessen würde. Ich machte daher ein Gesicht wie ein bissiges Meerschweinchen, aber Tom redete einfach weiter. »Ich finde, wir sollten den Ball flach halten und ihn nicht noch mehr provozieren.«

»Hä?«, sagte ich wieder.

»Na, ich finde, wir tun jetzt einfach, was er will. Wir haben ja schließlich auch Fehler gemacht.«

»Hä???«

»Lil, sag doch mal was anderes.« Tom steckte beide Hände in die Hosentaschen und zog die Schultern hoch. »Es war doch echt komplett idiotisch von uns, dass wir uns nachts vor euerm Haus geküsst haben.« Wie bitte? Hatte er Weichspüler getrunken? Tom klang ja fast wie Paps. Ich schluckte hart. »Wir hätten das mal lieber … hinterm Haus tun sollen«, fügte er jetzt hinzu und grinste mich frech an. Boah! Dafür, dass er mich so erschreckt hatte, schubste ich ihn Richtung Gebüsch. »Jetzt mal ernsthaft, Lil. Wir sollten den Streit zwischen dir und deinem Vater nicht anheizen. Dadurch wird alles nur noch komplizierter. Sorg lieber dafür, dass du wegen guter Führung begnadigt wirst. Morgen kommt Felix zurück und das wollen wir abends im Einstein feiern. Da musst du dabei sein!«

Ja, stimmt, das muss ich. Ich werde mein Bestes geben.

15.00 Uhr Englisch. Ich langweile mich. Aber Langeweile kann ja kreative Kräfte freisetzen und tatsächlich habe ich eine Idee für Herrn Welters Schreibprojekt. Ich habe gerade noch mal über dieses Buch mit den Texten über die Liebe nachgedacht, das ich am Wochenende gelesen habe. Puh, das war ja mal ein ödes Werk. Nur ein einziger Satz hat mich zum Nachdenken gebracht. Er lautete: »Die Liebe ist Sieger, rege ist sie bei Leid.« Den kann man nämlich vorwärts und rückwärts lesen, er bleibt immer gleich. Toll.

Ich hatte dann ein Aha-Erlebnis. Mir fiel auf, warum sich diese Gedichte und Geschichten so fade und leblos anhören: Das Liebesvokabular hierzulande ist einfach erschreckend klanglos. Wenn man mal das Hirn ausknipst und nur die Ohren anlässt, ist man von der Gefühlsarmut unserer Sprache entsetzt!

Nehmen wir zum Beispiel mal das Wort Zärtlichkeit! Acht harte Konsonanten, nur vier Vokale. Und die kann man eigentlich auch noch weglassen, man merkt kaum einen Unterschied. Zrtlchkt.

Leidenschaft ist auch nicht viel besser. Beide Wörter klingen ungefähr so sexy wie »evangelisches Gemeindehaus«.

Warum gibt es keine schöneren Wörter für alles rund um die Liebe? Solche wie »Melodie« oder »Simsalabim«?

Für ganz viele wichtige Dinge in Sachen Liebe gibt es sogar überhaupt kein Wort. Man bräuchte zum Beispiel eins für das Gefühl, wenn man am liebsten eine Fernbedienung hätte, um den ganzen Rest der Welt auszuknipsen und endlich zu zweit allein sein zu können. Oder für das: Man hält sich an den Händen und läuft einfach nur schweigend von der Mensa zum Klassenzimmer und plötzlich bleibt einem die Luft weg vor Glück. Vielleicht bräuchte man auch ein besseres Wort für weiche Knie. Gnie?

Irgendwer sollte mal ein Wörterbuch mit neuen Wörtern rund um die Liebe schreiben. Mal sehen. Kann sein, dass ich das mache. Klar, eigentlich sollen wir über Sachen schreiben, die es zu unserer Zeit schon gibt. Trotzdem! Was es nicht gibt, sagt doch eigentlich viel mehr über uns aus. Und vielleicht werden meine neuen Wörter irgendwann entdeckt und offiziell in den Wortschatz späterer Generationen aufgenommen. Das wär was! Allein bei dem Gedanken bekomme ich Gnie.

16.20 Uhr Als ich eben von der Schule kam, stand die Rosine vor der Haustür. Sie weinte. Neben ihr stand ihr Freund Niklas und streichelte unbeholfen ihre Schulter. Ich lief zu ihr, ging in die Hocke und nahm sie in die Arme. »Rosinchen, was ist denn passiert?«

»Meine Schnehehecken sind weheheg«, weinte Rosalie.

»Welche Schnecken denn?«

Weil Rosalie vor lauter Kummer nicht sprechen konnte, erzählte Niklas mir die Geschichte: Rosalie und er hatten sich nach dem Mittagessen getroffen und Schnecken gesammelt. Sie wollten ihnen aus einer Kiste und Draht einen Käfig bauen und ihn in Rosinchens Zimmer stellen. Dort sollten sie wohnen und Rosalie wollte sie zähmen. Aber plötzlich war es schon fast drei Uhr gewesen und der Käfig war noch nicht fertig, weil die beiden keinen Draht gefunden hatten. Und Paps hatte aus dem Fenster gerufen, dass die Blockflötenstunde gleich beginnen würde. Also mussten Rosalie und Niklas nach einer Zwischenlösung für die Schnecken suchen. Viel Zeit hatten sie nicht, deswegen haben sie einfach all ihre Schnecken vorsichtig hinter das Mäuerchen gelegt, das den Vorgarten der Nachbarn links von uns begrenzt. Da wuchsen nämlich die schönsten Blumen und Rosalie und Niklas legten Wert auf optimale Schneckenhaltung. Aber als die beiden eine Stunde später wiederkamen, lagen da nur noch drei Schnecken. Zwei weitere fanden sie an einer kleinen Sonnenblume ein paar Zentimeter weiter. Der Rest war entflohen. Nirgends war auch nur eine Schleimspur von ihnen zu entdecken. Erstaunlich, wie schnell und raffiniert Schnecken sein können!

»Na, aber fünf habt ihr doch noch. Wie viele waren es denn?«, fragte ich.

»Sechsunddreißig«, schluchzte Rosalie. »Wir haben ganz lange gesucht und weil es heute Nacht geregnet hahahat, haben wir ganz viele gefuhuhunden. Aber jetzt sind sie weheheheg.«

»Wir könnten sie suchen«, schlug Niklas mit entschlossenem Blick vor.

»Man darf doch nicht einfach in fremde Gärten gehen«, weinte Rosalie.

»Wir können klingeln und fragen, ob wir reindürfen«, überlegte Niklas. Und schon stapfte er los. Ich konnte ihn gerade noch am Ärmel erwischen.

»Stopp, stopp, stopp! Tut das nicht. Kann sein, dass Webers gar nicht begeistert sind, wenn sie hören, dass jetzt plötzlich einunddreißig Schnecken in ihrem Vorgarten wohnen.«

»Ja, aber wir wollen sie da doch wieder rausholen.« Niklas zog schniefend die Nase hoch und wandte sich erneut zum Gehen.

»Nee, du, lass das lieber. Die Schnecken haben es da doch sowieso viel besser. Und mehr als fünf kann man nicht in einen einzigen Käfig tun, sonst streiten sie sich. Wusstet ihr das nicht? Und, Rosinchen, in dein Zimmer kannst du sie sowieso nicht stellen, denn da ist die Luft viel zu trocken für Schnecken, die brauchen Regen. Sie können aber eine Weile auf dem Balkon wohnen. Kommt, ich helfe euch. Sie brauchen Gras und

Löwenzahn und Wasser. Und statt Draht spannen wir einfach ein Mückennetz über die Kiste.« Ich redete mit Engelszungen auf die beiden ein. Rosalie schnüffelte noch ein bisschen, aber dann war sie einverstanden. Puh, Katastrophe abgewendet. Mit ihrem Garten versteht Frau Weber keinen Spaß. Und wenn sie jetzt Schneckengift streut, dann ist für die Rosine der Spaß vorbei. Dann war's das mit der guten Nachbarschaft.

16.50 Uhr Muss jetzt gleich mit Paps und Rosalie Tee trinken und Kuchen essen. Werde dabei an meiner Begnadigung arbeiten.

17.30 Uhr Gaaah! Diese Familienmahlzeiten ohne Mama sind eine Herausforderung. Mir kommt es so vor, als stünden überall um den Tisch Fettnäpfchen. Und egal, wie sehr ich auch versuche, elegant um sie herumzutänzeln, immer lande ich mittendrin.

ICHWOLLTEDASNICHTICHWOLLTEDAS-
NICHTICHWOLLTEDASNICHT!!!

Aber aus solchen Situationen kann man kaum wieder heil herauskommen:

Paps: »Wollen wir gleich alle zusammen was Tolles machen?«
Rosalie: »Jaaa.«
Ich (verschlucke mich, huste, quetsche dann hervor): »Was denn?«
Paps (fröhlich wie ein Animateur im Ferienclub): »Basteln!?«

Rosalie: »Jaaa!«

Ich: »Och. Nö. Muss Hausaufgaben machen«

Paps (noch fröhlicher): »Wir könnten auch was spielen.«

Rosalie: »Jaaa!«

Ich: »Macht das mal ruhig.«

Rosalie: »Willst du nicht auch, Lillifee? Du darfst auch aussuchen, was.«

Ich: »Ein andermal. Ich muss noch ganz viel Hausaufgaben machen.«

Rosalie: »Och, böööttäää!«

Paps: »Lass sie mal lieber, Rosalie, sie kann gerade nicht, sie hat einen unreifen Nucleus accumbens.«

Ich (taste hektisch mein Gesicht ab): »Was??? Einen Nucleus wie bitte? Wo??? Oh, shit! Eben war der noch nicht da.« (Springe auf, will zum Spiegel rennen.)

Paps (beruhigend): »Bleib sitzen, das ist das Belohnungszentrum im Gehirn. In den Entwicklungsjahren reagiert es anders als sonst. Da ist so eine Art Hornhaut drauf, das heißt, dass man sich in der Pubertät über kaum etwas richtig freuen kann. Man wird muffelig und lustlos.«

Ich: ??? (Sage einfach nichts. Was nicht leicht ist, denn da wollen plötzlich ganz viele Wörter gesagt sein. Zum Beispiel die: Hornhaut??? Ich? Also, Tom zumindest kann meinen Nucleus Dingsbums schon allein durch seinen Anblick zum Jubeln bringen. Aber, wie schon gesagt, das sagte ich NICHT.)

Rosalie: »Und Ferkel? Hat der das auch?«

Paps: »Ferkel? Was? Wieso?«

Rosalie: »Na, wenn Pu das hat, dann hat Ferkel es vielleicht auch.«

Paps: »Was hat Pu???«

Ich: »Sie meint Pu den Bären. Wegen Pu-Bär-tät.«

Paps: »Rosalie, es heißt Pubeeertät. Das sind die Jahre, in denen man vom Kind zum Erwachsenen wird.«

Rosalie: »Ach so. Ist Pu eigentlich ein Kind oder erwachsen? Ferkel ist ja ein Kind. Sonst würde er ja Schwein heißen. Dann ist Pu wahrscheinlich auch noch klein, oder? Aber er wohnt ja allein, ohne Eltern. Dann vielleicht doch nicht. Aber Ferkel wohnt glaub ich auch allein. Hmmm.«

Paps: »Keine Ahnung, Rosalie. Ich glaube, Pu ist einfach ein Bär.«

Rosalie: »Oder in der Pubertät.«

Paps: »Eher nicht. Er ist ja immer zu allen freundlich. Und er räumt seine Bärenhöhle auf. Und er hört keine laute Musik. Und er blockiert nicht stundenlang das Badezimmer. Und er glaubt nicht, dass er selbst das wichtigste Lebewesen auf der ganzen Welt ist. Und ...«

Ich (unterbreche ihn, bevor sich mein Hirn eingeschaltet hat): »Du, Paps? Es gibt auch später im Leben noch Entwicklungsjahre, in denen man sich verändert, wusstest du das?«

Paps (betont desinteressiert): »Nein.«

Ich: »Ja, das fängt so etwa mit vierzig an. In den nächsten zwanzig Jahren schrumpfst du um fünf Zentimeter, dafür wirst du breiter, deine Finger werden dicker und deine Ohren größer. Du bewegst dich langsamer, hast weniger Haare auf dem Kopf, aber dafür mehr in den Ohren. Und du wirst vergesslicher.«

Paps: »Aha.« (Hat plötzlich irgendetwas im Blick, das mich davor warnt, weiterzusprechen.)

Ich (erinnere mich mit Schrecken an Toms Worte. Überlege

fieberhaft, was ich jetzt sagen kann, um das Ruder rumzureißen. Entscheide mich für): »Aber wir haben dich dann trotzdem lieb, Papilein.«

Paps: »Hmpf.«

Ich: Erkenne scharfsinnig, dass jetzt nicht der optimale Zeitpunkt ist, um Paps auf meinen Hausarrest anzusprechen.

22.00 Uhr Wieder ein langer Abend ohne Tom. Wollte ihn überreden, mich heimlich durchs Fenster zu besuchen. Aber er will ja den Ball flach halten und Paps nicht verärgern, damit ich morgen mitfeiern kann. Habe also stattdessen mit Maiken geskypt. Sie ist ein bisschen nervös, weil Felix ihren neuen Look noch nicht kennt, ihre kurzen Haare und die dunklen Klamotten. Was, wenn ihm das nicht gefällt? Sie überlegte ernsthaft, ob sie sich morgen einfach noch mal wie früher anziehen sollte. Ha! Ich hab's gewusst! Sie interessiert sich für Felix!

»Maiken, du warst doch diejenige, die meinte, man solle sich beim Balzen nie verstellen.«

»Das klingt nicht nach etwas, das ich je gesagt habe. Und außerdem: Wer sagt, dass ich balze?«, muffelte sie.

»Ach, Maiki«, sagte ich nur. »Bleib, wie du bist. Und außerdem weiß Felix längst, wie du aussiehst. Tom hat dich auf der Insel doch gefilmt und ihm die Filme zugeschickt.«

Mit diesem Argument habe ich Maiken dann überzeugt und wir haben das Gespräch beendet. Wir mussten nämlich beide noch Hausaufgaben machen.

Maiken Willund
Albert-Schweitzer-Gymnasium
Klasse 10 b
Schreibprojekt Geschichte

Hallo, Leute in hundert Jahren!!!

Ich habe lange überlegt, worüber ich schreiben soll. Wir sollen ja etwas finden, über das ihr vermutlich nichts wisst. Das ist aber ein Problem. Unsere Lehrer sagen uns nämlich dauernd, dass das Internet niemals vergisst, was man einmal dort gepostet hat. Und wenn das stimmt, wisst ihr sowieso schon alles über die Leute aus meiner Zeit. Wahrscheinlich sogar mehr, als euch lieb ist.

(Ähm, ich überlege gerade, vielleicht wisst ihr sogar einiges über mich. Vielleicht gibt es bei euch einen Wikipedia-Eintrag über Maiken Willund, in dem ihr lesen könnt, wann ich geboren wurde, ob und wen ich geheiratet habe und wann ich starb. Unangenehmer Gedanke.)

Es kann natürlich – wenigstens rein theoretisch – auch sein, dass unsere Lehrer nicht recht haben. (Sorry, Herr Welter!) Vielleicht bleibt gar nicht alles, was wir in unsere Tastaturen hacken, für immer erhalten. Kann ja sein, dass irgendwann das ganze Internet kaputtgeht und alle Daten futsch sind. Dann wisst ihr über uns sogar weniger als über Menschen früherer Zeiten, denn in unserer Zeit wird ja kaum noch was auf Papier ausgedruckt. Dann seid ihr vermutlich ziemlich froh, wenn ihr im Stadtarchiv diese Mappe findet und wenigstens ein paar Details aus unserem Leben erfahrt.

Uff. In diesem Fall ist das hier eine ziemlich große Verantwortung. Angenommen, ihr wüsstet fast nichts über uns, dann liegt es ja komplett in den Händen der Klasse 10 b des Albert-Schweitzer-Gymnasiums, wie ihr unsere Zeit seht.

Hmmm. Was schreibe ich also für euch auf? Irgendwas, das längst auch im Internet steht, weil das alles vermutlich doch verschwindet? Oder etwas, das so unwichtig ist, dass man es nicht mal im Internet findet, zum Beispiel die Frage, warum es beim Bäcker keine Brezeln ohne Salz gibt, obwohl alle Leute vorm Brezelessen erst mal das Salz abmachen. Moment. Steht darüber wirklich nichts im Internet? Muss mal eben googeln … Shit. Es gibt sogar eine Facebook-Gruppe zu diesem Thema. Das sagt vermutlich auch viel über unsere Zeit aus. Hey, neulich habe ich sogar einen Wikipedia-Eintrag entdeckt, in dem es darum ging, ob man Kühe umschubsen kann, wenn sie schlafen. Kein Witz! Guckt nach! Der Eintrag heißt »Kuhschubsen«!

Also, worüber schreibe ich jetzt. Oh, ich weiß was! Habe heute über Glücksbringer und Erinnerungsgegenstände nachgedacht. Das ist ein gutes Thema. Ich habe nämlich festgestellt: Jeder besitzt irgendeinen Gegenstand, der ihn begleitet und den er um nichts auf der Welt verlieren will. Und wenn man die Leute nach ihrem persönlichen Glücksbringer fragt, erfährt man viel über sie. Hier das Ergebnis einer Mini-Umfrage, die ich heute gestartet habe:

Meine Freundin Lilia: Trägt, wenn sie sich schlapp fühlt, den Jadeanhänger um den Hals, den ihr Freund Tom ihr zum Geburtstag geschenkt hat. Sie trägt ihn aber nicht jeden Tag, damit er nicht alltäglich für sie wird. Lilia tut immer so kopfgesteuert. Aber das ist sie gar nicht. Ich wette, heimlich glaubt sie, dass der Anhänger seine Kraft verliert, wenn sie ihn zu oft beansprucht.

Meine Freundin Dana: Hat mal von ihrer Mutter einen afrikanischen Pflanzensamen bekommen, der so ähnlich aussah wie eine Kastanie, nur ohne den hellen Fleck. Sie hatte ihn lange als Handschmeichler in der Hosentasche. Er ist dann irgendwann rausgefallen und in ihrem Zimmer verloren gegangen. Als sie ihn wiederfand, lag er unter einem nassen Handtuch und war gekeimt. Dana hat ihn dann in einen Blumentopf eingepflanzt, wo er tatsächlich zwei Blätter bekam. Aber dann hat sie vergessen, ihn zu gießen, und er war futsch. Deswegen hat Dana zurzeit keinen Glücksbringer. Ihr fehlt das aber auch nicht, sagt sie.

Mein Kumpel Tom: Viele Jungs sagen erst mal, dass sie keinen Glücksbringer haben. Man muss dann ein bisschen bohren, um die Wahrheit zu erfahren. Tom hat auf seinem Schreibtisch die Pfeife seines Großvaters, sie ist am Stiel angekaut und riecht immer noch nach Tabak, obwohl Toms Großvater schon seit drei Jahren tot ist. Tom hat ihn sehr gemocht.

Mein Kumpel Felix: Trug vor seinem Unfall ein geflochtenes Lederband mit drei schwarzen Perlen an seinem Handgelenk. Ich weiß nicht, ob es ein Erinnerungsstück oder ein Glücksbringer war. Ich würde ihn gern danach fragen, aber so gut kenne ich ihn nicht. Vielleicht trägt er es auch gar nicht mehr. Ich habe ihn lange nicht gesehen.

Meine Schwester: Ist elf Jahre alt und besitzt einen kleinen, bunten Beutel mit zwei Sorgenpüppchen. Wenn sie Sorgen hat, erzählt sie die ihren Püppchen, dann legt sie sie vorm Einschlafen unters Kissen und am nächsten Morgen sind die Sorgen weg. Sie wünscht sich zum Geburtstag noch ein Sorgenpüppchen, weil sie abends oft drei Sorgen hat.

Meine Mutter: Hat keinen Glücksbringer und will auch nie mehr einen haben. Bis vor Kurzem war ihr Ehering ihr Glücksbringer und sie hat ihn niemals abgelegt. Aber dann hat mein Vater sich in unsere Nachbarin verliebt. Im Moment wohnen sie zwar beide noch in unserem Haus, aber sie haben sich trotzdem getrennt. Mein Vater wohnt jetzt oben und meine Mutter unten. Ein Jahr lang wollen sie das durchziehen, dann können sie sich scheiden lassen. Den Ring will meine Mutter schon jetzt nicht mehr tragen. Sie hat ihn mit ganz viel Seife abgezogen und ihn weggeschmissen. Künftig will sie ohne Ringe und Glücksbringer klarkommen.

Ich: Tja, einen Glücksbringer habe ich auch nicht. Aber ich besitze ein Erinnerungsstück. Ich habe nämlich den Ring meiner Mutter aus dem Müll geholt und hebe ihn auf. Weil ich immer noch hoffe, dass sie ihn irgendwann wieder braucht. Wo der von meinem Vater ist, weiß ich nicht.

Viel Glück in 100 Jahren wünscht

Maiken Willund

Dienstag, 28. Juni

Wann ist man erwachsen? Mit 18, wie hier bei uns? Mit 21 wie in Monaco? Oder mit 16, so wie bei den Schotten? Rosalie sagt: Du bist erwachsen, wenn du nicht mehr wächst. Paps meint: wenn du Dinge tust, _obwohl_ dir deine Eltern dazu geraten haben.

Florian behauptet: Endgültig erwachsen bist du erst, wenn alle Pflanzen auf deinem Fensterbrett leben und du keine davon rauchen kannst.

6.15 Uhr Heute kommt Felix. Und ICH darf NICHT hin. Habe überlegt, ob ich Mama anrufen und sie bitten soll, mit Paps zu reden. Aber ich persönlich finde: Man ist erst erwachsen, wenn man seine Angelegenheiten selbst regelt. Wenn man jedem direkt sagt, was man will, und sich dafür einsetzt, dass man es auch bekommt. Und das tu ich jetzt.

8.17 Uhr Physik. Aber ohne mich, ich bin hier heute nur rein körperlich anwesend. Muss noch das Frühstück verdauen, also eher das Gespräch beim Frühstück und eher so psychisch. Hausarrestaufheben, zweiter Versuch. Gesprächsteilnehmer: Paps, Flocke, ich. Rosalie schlief noch.

»Du, Paps?«

»Hmmmmm.« Er las gerade den Kulturteil der Zeitung.

»Hör mal, Kinder sind nicht achtzehn Jahre lang klein und dann auf einmal erwachsen.«

»Hmmmm, ja«, antwortete er und las weiter.

Flocke grinste.

»Das ist ein langsamer Prozess. Das geht schrittweise.«

»Hmmhmmm.« Paps blätterte um, nahm einen Schluck Kaffee und vertiefte sich wieder in seine Lektüre. Flocke zog eine Augenbraue hoch. Aber ich gab nicht auf.

»Eltern müssen sich da anpassen. Sie müssen Fünfjährige anders behandeln als Sechzehnjährige.«

»Hmmm, ja, Häschen.« Paps sah immer noch nicht von seiner Zeitung auf.

»Vaterrr—rrr-rrr!«, grollte ich und Florian zuckte zusammen.

»Oh, guten Morgen Lillykind.« Paps lächelte mich an und ich strahlte zurück. Endlich hatte er mich bemerkt. Jetzt bloß nichts Falsches sagen! »Guten Morgen, Papilein. Du, hör mal, ich will dir mal was sagen.«

»Hmmm. Ja.« Schon senkte er seinen Blick wieder auf diese verflixte Zeitung.

»Halt! Stopp! Nicht lesen! Ich will dir doch was sagen.«

»Na, dann los.« Er faltete die Zeitung zusammen und schenkte sich Kaffee nach. Irgendwie sah er heute fit aus. Frisch rasiert, wacher Blick, kantiges Kinn, Duft nach Rasierwasser. Er lächelte mich auffordernd an.

»Paps, ich verstehe, dass du sauer warst, als ich mit Tom aufs Sommerfest gegangen bin, ohne dir Bescheid zu sagen. Das tut mir leid.«

Er nickte ernst und bedächtig mit dem Kopf. »Ich nehme deine Entschuldigung an, Lilia.«

»Was ich aber nicht verstehe, ist die Sache mit dem Hausarrest. Wenn ich Fehler mache, können wir gern miteinander reden und Regeln aushandeln, an die ich mich dann halten muss.« Er nickte wieder. Regeln waren gut, das war genau seine Linie, das wusste ich, denn ich hatte es in »Pubertäter brauchen Väter« im Kapitel »Ohne Regeln geht es nicht« gelesen. Auch Flocke nickte mir zu. Ermutigt fuhr ich fort. »Aber Hausarrest ist einfach altmodisch. Das ist was für Kleinkinder und irgendwie ist es auch Gewalt. Und Gewalt in der Erziehung ist schädlich.« Auch das stand in seinem Buch, und zwar im Kapitel »Immer locker bleiben«. Flocke sah jetzt allerdings aus, als hätte er in eine Zitrone gebissen.

Paps lächelte mich an, aber irgendwie war das ein gönnerhaftes Lächeln, so von oben herab. »Lillykind, das ist doch keine Gewalt. Ich habe nur ein Verbot ausgesprochen, das in direkter Beziehung und in logischer Konsequenz zu deinem Regelübertritt stand. Verstehst du? Du hast unerlaubt das Haus verlassen. Jetzt ist es dir eine Woche lang gar nicht mehr erlaubt, dieses Haus zu verlassen, außer wenn du in die Schule gehst. Da besteht ein Zusammenhang zwischen Regelübertritt und Strafe.« Natürlich hatte ich das verstanden. Ich hielt es trotzdem für Schwachsinn. Auch Flocke verdrehte die Augen. Ich war froh, dass er ausnahmsweise mal auf meiner Seite war. »Paps, ich bin nicht mehr fünf. Du kannst mich doch nicht einfach auf mein Zimmer schicken, wenn ich anderer Meinung bin als du.«

»Stimmt. Und so ist es ja auch gar nicht. Erstens bist du nicht anderer Meinung als ich, was deinen Fehler angeht, du hast dich ja gerade bei mir dafür entschuldigt. Und zweitens schicke ich dich nicht auf dein Zimmer. Du sitzt ja gerade hier am Frühstückstisch. So. Das war's. Die Sache ist geklärt, Schluss mit der Diskussion.« Klar. Jetzt waren wir im Kapitel »Unnütze Diskussionen vermeiden«.

»Paps, heute kommt Felix aus seiner Kur zurück. Er war sechs Wochen lang weg und wir wollen seine Rückkehr alle zusammen feiern, das soll eine Überraschung sein. Darf ich da bitte hin?«

»Lil …«, sagte Florian, aber Paps unterbrach ihn. »Lillykind, ich verstehe, dass du das möchtest. Aber es geht nicht. Konsequenz in der Erziehung ist wichtig, egal ob jemand fünf oder fünfzehn ist.«

»Sechzehn.«

Florian machte mir mit der Hand unauffällig ein Zeichen, das ich nicht verstand.

»Dann eben sechzehn«, sagte Paps. »Glaub mir, Lilia, tief in deinem Inneren willst du selbst, dass ich bei unserer Abmachung bleibe. Du würdest ja den Respekt vor mir verlieren, wenn auf mein Wort nicht Verlass wäre. Und das wäre viel schlimmer für dich als eine verpasste Party.«

Würg. So ein absoluter Schwachsinn. Tief in meinem Inneren wollte ich zu Tom. Und tief in meinem Inneren habe ich grundsätzlich keinen Respekt vor Leuten, die mich mithilfe von Ratgebern erziehen.

»Nein, das stimmt nicht«, widersprach ich. »Ich finde die Sache mit dem Hausarrest voll peinlich und altmodisch. Und ich hätte viel mehr Respekt vor dir, wenn du das einsehen würdest

76

und wenn du die Größe hättest, diese bescheuerte Strafe rück-
gängig zu machen, anstatt einfach nur nachzuquatschen, was
du in irgendeinem Buch gelesen hast.«

Huch? Hatte ich das wirklich gesagt? Ein Blick auf die Gesich-
ter meines Vaters und meines Bruders zeigte: Ich hatte. Beide
sahen plötzlich aus, als hätten sie Zahnweh. Ich verstehe das
wirklich selbst nicht. Manchmal hakt mein Gehirn komplett
aus und ich sage Sätze, die ich überhaupt nie, nie, nie gesagt
haben will. Mist! Ist man vielleicht erst erwachsen, wenn man
es schafft, auch in solchen Momenten cool zu bleiben?

Paps zumindest konnte das. »Weißt du was, Lillykind?«, sagte
er freundlich und befolgte damit eins zu eins die Anweisun-
gen aus dem Kapitel »Lassen Sie sich nicht provozieren«. »Ich
glaube, jetzt gehst du doch mal lieber ganz schnell auf dein
Zimmer.« Er vertiefte sich wieder in seine Zeitung, scheinbar
ruhig. Mir fiel aber auf, dass er seine Finger ziemlich in das
Papier krallte, es war schon ganz zerknittert.

»Können meine Freunde dann wenigstens zu uns kommen?
Können wir Felix' Rückkehr hier feiern? Lässt sich das mit
deiner Konsequenz vereinbaren?«

»Lilia, das Thema ist jetzt ausreichend diskutiert worden. Es ist
ganz bestimmt nicht Sinn des Hausarrests, dass du deine Gäste
zu uns einlädst. Außerdem hat Florian für heute Abend schon
Freunde eingeladen. Wir sind doch keine Kneipe!«

»Wieso darf der alles und ich immer nie was?«

Mein Vater sagte kein Wort und tat so, als würde er Zeitung
lesen.

»Paps! Hör mir doch mal bitte zu, ich will doch nur ...«, fing
ich an.

77

»Schluss jetzt!«, brüllte er da plötzlich und schlug mit der Faust auf den Tisch.
Oh. Den Satz kannte ich auch aus einem seiner Bücher. Er stammte allerdings aus »Du bist der Leitwolf«, dem neuen Hundeerziehungsbuch.
»Lil!«, rief Florian hinter mir her, als ich aus der Küche rannte. »Warte!«
Aber ich musste hier raus!

10.24 Uhr Bin in der Schule und wir haben gerade Musik. Aber keiner hört zu, was Herr Alt sagt, wir sind alle noch ganz verdattert. Mensch, was war das denn eben?
Wir waren im Musiksaal, es hatte schon geklingelt, aber wir standen alle noch rum und unterhielten uns, denn Herr Alt war noch nicht da.
Auf einmal wurde es ganz ruhig im Raum. Die Stille breitete sich wie eine Welle von vorne nach hinten aus. Erst schwiegen nur die in der ersten Reihe, dann die in der zweiten, und ein paar Augenblicke später hatten auch die ganz hinten gemerkt, dass vorne irgendetwas nicht stimmte.
So auch ich. Ich sah nach vorn, unterbrach mein Gespräch mit Maiken, der ich gerade mein Leid wegen Paps geklagt hatte, und setzte mich schnell auf meinen Platz, denn vorne am Pult stand Herr Makel, unser Schulleiter.
Wahrscheinlich stand er da schon eine Weile. Er ist nämlich sehr unauffällig, man übersieht ihn leicht. Er ist weder groß noch klein, weder dick noch dünn und seine Haare haben eine undefinierbare Farbe, sie sind irgendwie rotbraunblondgrau. Nur zwei Merkmale an ihm sorgen dafür, dass man ihn nicht

so leicht vergisst, wenn man ihn mal gesehen hat. Erstens: Er ist stark weitsichtig und seine Brille macht seine Augen riesengroß. Sie wirken, als wären sie gar nicht richtig fest an ihm dran, sondern als hätten sie ein Eigenleben und könnten sogar um Ecken sehen. Weil er damit aussieht wie ein Koboldmaki, nennen wir ihn, wenn wir unter uns sind, nicht Makel sondern Maki. Und dann hat er noch eine zweite Besonderheit: Tortellini-Ohren. Seine Ohrmuscheln sind merkwürdig klein, weiß und knubbelig, und sie stehen ab. Seit ich ihn kenne, esse ich keine Tortellini mehr.

Ja, Herr Makel sieht irgendwie lustig aus. Trotzdem sollte man sich nicht dazu hinreißen lassen, über ihn zu lachen oder ihn zu unterschätzen. Er kann nämlich richtig fies werden. Wenn du ihn ärgerst, passiert erst mal gar nichts, aber er merkt sich dein Gesicht. Und irgendwann verstößt du dann vielleicht gegen einen Paragraphen der Schulordnung und er erwischt dich dabei (und es gibt viele Paragraphen in unserer Schulordnung!). Oder deine Versetzung ist gefährdet, und du könntest es gerade noch knapp schaffen, wenn jemand ein Auge zudrücken würde. Oder du willst einen Tag lang vom Unterricht befreit werden, weil du an einem Wettbewerb teilnehmen möchtest, der die Chance deines Lebens sein könnte.

In solchen Situationen stehst du dann vor ihm und er durchbohrt dich mit seinen Maki-Augen. Und dann sagt er mit leiser Stimme einen Satz, der immer mit denselben Worten beginnt: »Tut mir leid.«

Aber es tut ihm kein bisschen leid. Er macht dich dann fertig und hat Spaß daran.

Der Maki hat eine tief verwurzelte Leidenschaft für Verbote

und er plakatiert gern die ganze Schule mit Zetteln und Schildern, auf denen man lesen kann, was man darf und was nicht. Schon wenn man nur an unserer Schule vorbeigeht, wird man mit vier Verbotsschildern konfrontiert: »Rauchen verboten«, ein durchgestrichenes Handy, »Hier keine Fahrräder abstellen« und »Dies ist kein Hundeklo«. An jeder Klassenzimmertür klebt bei uns innen der Hinweis »Türe geschlossen halten« und außen die Frage »Licht aus?«. Wir haben neben dem Rektorat ein Schwarzes Brett, das nur für die Schulordnung da ist. Sie umfasst 62 Paragraphen und wird regelmäßig aktualisiert. Paragraph 51 zum Beispiel lautete anfangs: »Das Werfen von Schneebällen im Pausenhof ist untersagt.« Später wurde dann Paragraph 51 b ergänzt: »Schneebälle im Sinne dieser Verordnung sind auch Eis- oder Hagelklumpen.« Ja, das ist der Maki, wie er leibt und lebt.

Und als er da heute vor uns im Physiksaal stand, starrte er uns mit seinen riesigen Augen einfach so lange an, bis alle still waren. In seinem typischen monotonen Singsang verkündete er dann, dass die zehnten Klassen am kommenden Montag den traditionellen Spendenmarathon organisieren sollen. Er sagte das, als sei das eine Ehre für uns. Aber wir hassen den Spendenmarathon, der jedes Jahr stattfindet, und zwar immer im Hochsommer, wenn es so richtig heiß ist.

Der Unterricht fällt an diesem Tag aus. Alle Schüler unserer Schule müssen stattdessen auf dem Sportplatz Runden drehen, bis sie umfallen. Das ist der Teil der Veranstaltung, der Marathon heißt. Vorher müssen wir noch Freunde, Verwandte und Bekannte mit einem Spendenformular heimsuchen und sie dazu bringen, uns für jede Runde, die wir rennen, einen

Euro zu bezahlen. Das ist der Teil der Veranstaltung, der mit dem Wort »Spenden« gemeint ist. Mit dem Geld, das auf diese Weise reinkommt, sollen in diesem Jahr neue Tische für die Cafeteria finanziert werden.

Der Maki hielt uns eine kurze Rede über den pädagogischen Hintergrund des Marathons. Sport. Gesunde Bewegung. Fitness. Blablabla. Gemeinschaftsgefühl. Teamgeist. Zusammenhalt. Blabla. Allgemeinheit. Engagement. Wohltätiger Zweck. Blaaa. Und dann folgten die unvermeidlichen Paragraphen für den Spendenmarathon: Wer nicht mitlaufen kann, braucht ein Attest und muss trotzdem an der Veranstaltung teilnehmen und zuschauen. Wer unentschuldigt fehlt, dessen Eltern bekommen einen Brief vom Maki mit der Bitte um Klärung der Fehlzeiten. Und wer absichtlich langsam läuft, bekommt außerdem noch eine schlechte Sportnote. Ja, wir konnten alle unsere Freude über dieses Sportereignis nur schwer im Zaum halten, zumal der Wetterbericht eine Hitzeperiode angekündigt hatte.

Mal ehrlich: was für eine bescheuerte Idee.

Tja. Aber musste Tom das ausgerechnet in diesem Moment sagen, und dann auch noch laut?

»Wie bitte?« Der Maki drehte sich zu Tom um und seine Riesenaugen saugten sich förmlich an ihm fest.

Aber Tom wirkte nicht beeindruckt. »Herr Makel, ich möchte an dieser Veranstaltung nicht teilnehmen.«

»Wie bitte?«, fragte Herr Makel noch einmal und wir dachten das in diesem Moment alle.

Aber Tom saß ganz locker auf seinem Stuhl, er schien kein bisschen nervös. Neben ihm saßen links Benny und rechts Fabi. Und sie nickten zu Toms Worten.

Was für ein Kontrast: vorne der Maki mit seinen Glubschaugen und seiner blassgrauen Haut, schmal, verkrampft, verhuscht, verkniffen. Und hinten die drei Jungs, sonnengebräunt, entspannt, breitschultrig – irgendwie so lebendig im Vergleich zu unserem Schulleiter, der plötzlich so unecht aussah, als hätte ihn jemand aus vergilbtem Papier ausgeschnitten.

»Nö. Ich mach da nicht mit«, sagte Tom freundlich, als hätte er das Recht, selbst zu entscheiden, was er am Montag tun würde. Und plötzlich fragte ich mich: Ja, hatte er das denn nicht? In was waren wir hier hineingeraten? Und was für seltsame Regeln galten hier? Wie konnte es sein, dass ein vergilbter Koboldmaki bestimmen konnte, dass 1200 Schülerinnen und Schüler am Montag wie gestört durch die Sommerhitze rennen und davor auch noch ihre Verwandtschaft um Geld anbetteln müssen? Warum ließen wir das zu?

»Wie lautet dein Name?«, fragte der Maki leise und drohend.

»Ich bin Tom Barker.« Tom blieb cool. Er lächelte nicht, aber er wirkte auch nicht feindselig, sondern nur selbstbewusst und sicher. Und ich fühlte mit jeder Faser meines Gehirns und meines Herzens: Tom hatte recht.

»Ich sehe das auch so«, sagte ich deswegen und fügte noch hinzu: »Und meine Name ist Lilia Kirsch.« Wenn schon, denn schon. Seltsamerweise blieb ich genauso ruhig wie Tom. Und dann hörte ich links und rechts neben mir vertraute Stimmen.

»Dana Winter.«

»Maiken Willund.«

»Benjamin Merk.«

»Fabian Meyer.«

»Was soll das heißen?«, fragte der Maki. Seine Augen wurden

stechend und das war sehr unheimlich, denn falls so eine Brille wie ein Brennglas wirken konnte, dann würden die Jungs gleich Brandblasen im Gesicht haben.

»Wir sehen das wie Tom«, erklärte Fabi ihm freundlich.

Tom stützte die Ellenbogen auf den Tisch, legte die Finger aneinander und dachte nach. »Herr Makel, ich glaube, diese Veranstaltung sollte freiwillig sein. Das ist schließlich doch ein sehr großer Eingriff in unsere Persönlichkeitsrechte. Dazu kann man keinen zwingen.«

»*Ein Eingriff in eure Persönlichkeitsrechte?*«, zischte der Maki. »Erklär mir das, Tom Barker. Erklär mir, warum es mit deinen Persönlichkeitsrechten nicht vereinbar ist, wenn du dich in einem Team für die Allgemeinheit engagieren sollst.«

»Oh, so weit ist das schon okay«, antwortete Tom und runzelte die Stirn, als würde er ernsthaft nachdenken. »Aber Verwandte um Geld anzubetteln ist jetzt nicht gerade das, was ich persönlich unter Engagement verstehe. Die Leute sollen doch bitte schön spenden, wenn ihnen selbst danach ist. Und wieso soll es überhaupt jemandem Geld wert sein, wenn wir alle um den Sportplatz rennen? Das ist doch keine Arbeitsleistung, das ist total künstlich. Mal ehrlich: Wenn ich Geld bekomme, dann will ich dafür auch etwas Richtiges arbeiten und jemandem nützlich sein.«

»Das ist ein sehr egoistischer Standpunkt, junger Mann.« Der Maki klang salbungsvoll wie ein Pfarrer. »Du sprichst nicht davon, nützlich zu sein, sondern von deiner Selbstverwirklichung. So denken wir an dieser Schule nicht und so erziehen wir auch unsere Schüler nicht.«

»So denken einige aber doch«, meldete ich mich zu Wort. Aber der Maki hatte sich jetzt ganz auf Tom eingeschossen und beachtete alle anderen gar nicht mehr.

»Sich sportlich zu betätigen kann niemals falsch sein, Tom Barker. Und zweifelsohne nützt du mit dem Spendenmarathon anderen. Das Laufen in der Gruppe stärkt das Gemeinschaftsgefühl und später können wir uns alle gemeinsam an den neuen Tischen freuen.«

»Gemeinschaftsgefühl?«, fragte Tom. »Ja, das kenne ich vom letzten Jahr. Die eine Hälfte der Schüler lässt sich von den Eltern eine Entschuldigung schreiben oder schwänzt, die andere Hälfte schlurft schlecht gelaunt ein paar Runden durch die Hitze und legt sich dann in den Schatten. Und neue Tische braucht an der Schule sowieso kein Mensch. Die alten sind doch noch gut. Sie wackeln ein bisschen, aber die könnten wir doch reparieren, das wäre auch eine gute Aktion, um das Gemeinschaftsgefühl an der Schule zu stärken.«

»Was du da sagst, spricht nicht für dich, Tom Barker.« Der Maki war inzwischen ganz rot im Gesicht und seine Augen quollen fast hinter seinen Brillengläsern hervor. »Wenn du im vergangenen Jahr tatsächlich Schüler bemerkt haben solltest, die die Veranstaltung boykottiert haben, dann wäre es deine Pflicht gewesen, auf sie einzuwirken, anstatt sie jetzt sogar als Argument gegen solche Sportveranstaltungen zu verwenden. Und seit wann entscheidest du, welche Anschaffungen an dieser Schule sinnvoll sind und welche nicht? Könntest du das vielleicht Leuten überlassen, die dank einer langjährigen Ausbildung pädagogisches Fachwissen erworben haben?«

»Okay«, sagte Tom freundlich. »Dann sprechen wir doch mit solchen Leuten. Laden wir sie an unsere Schule ein, machen wir eine Podiumsdiskussion und klären das alle zusammen. Das fände ich interessant.« Ich glaube, Tom wollte gar nicht frech sein, als er das sagte. Er hatte wirklich nicht kapiert, dass unser Direktor sich selbst meinte, als er von Leuten mit pädagogischem Fachwissen sprach. Tom war überhaupt nicht auf die Idee gekommen. Es war allerdings gar nicht gut, dass Jan an dieser Stelle des Gesprächs kicherte und dann krachend vom Stuhl fiel.

Die Kopfbewegungen des Maki wurden ruckartig. »Montag. Spendenmarathon. Teilnahme ist Pflicht. Basta.« Er ließ seine Glubschaugen noch ein letztes Mal über uns wandern und ich hatte fast den Eindruck, als würde ich in seinem Kopf ein Geräusch wie von einem Fotoapparat hören. Klick. Klick. Klick. Der Maki hatte uns alle abgespeichert. Grußlos verließ er dann den Raum.

»Oh, oh«, sagte Herr Alt, der inzwischen unbemerkt den Musiksaal betreten hatte.

11.37 Uhr »Es ist ja wohl klar, dass ich an dem Spendenmarathon nicht teilnehme«, sagte Tom in der Pause nach Musik. »Und es ist genauso klar, dass ich keine Entschuldigung bringen werde. Das ist nicht die Entscheidung meiner Eltern, das ist meine eigene.«

»Viel passieren kann uns ja eigentlich nicht«, meinte ich. »Der Maki kann uns doch nicht von der Schule werfen, nur weil wir keine Spenden eintreiben und nicht auf Pfiff losrennen.«

»Nee, das glaube ich auch nicht. Aber ich lasse mir nicht gern vorwerfen, dass ich egoistisch bin«, überlegte Dana.

»Stimmt«, meinte Tom. »Einfach so schwänzen geht nicht. Wir

sollten eine Gegenaktion planen. Arbeiten. Geld verdienen. Die Kohle für einen richtig guten Zweck spenden.«

»Lass uns das heute Abend mal besprechen.« Dana zeigte auf die Schuluhr. »Es klingelt gleich.«

»Ja, toll«, sagte ich. »Besprecht das ruhig ohne mich.«

Und da sagte Dana etwas, das ich erst gar nicht richtig verstand.

»Wieso ohne dich? Wir feiern doch alle bei euch. Florian hat das organisiert.«

11.56 Uhr Vielleicht sollte ich meinen Bruder manchmal ausreden lassen. Tatsächlich. Paps ist heute Abend weg und Flocke hat ihm gesagt, dass er ein paar Freunde einlädt. Dass das zufällig meine Freunde sind, hat er nicht erwähnt. Bruder, du bist der Beste.

Dana Winter
Albert-Schweitzer-Gymnasium
Klasse 10 b
Schreibprojekt Geschichte

Reisen im 21. Jahrhundert

Wir können heute so schnell wie nie zuvor von einem Ort der Welt zu jedem anderen reisen. Aber dass wir schneller sind als unsere Vorfahren, ist eigentlich nichts Besonderes. Das ist schon seit vielen Jahrhunderten so. Reiter waren schneller als Fußgänger, Eisenbahnen schneller als Pferde und Autos schneller als Lokomotiven. Jetzt haben wir eben auch noch Flugzeuge, die schneller als Autos sind. Und irgendwann hat vielleicht jeder sein kleines Privatflugzeug, das auf dem Garagendach steht, dann wird die Menschheit noch schneller.

Es kann aber auch sein, dass die Menschen irgendwann wieder langsamer sein werden als ihre Vorfahren. Zum Beispiel, weil alles Benzin auf dieser Welt verbraucht ist. Dann stehen in den Garagen wieder Pferde. Eventuell erfindet die Menschheit aber auch einen Ersatzstoff fürs Benzin. Oder man kann sich sogar an jeden beliebigen Ort der Welt beamen. Das kann heute keiner wissen.

Egal. Wir fühlen uns schon heute ziemlich schnell und es ist bei uns üblich, in den Ferien zu verreisen. Sobald jemand ein bisschen Zeit und Geld übrig hat, wechselt er mal eben den Kontinent. Viele Leute reisen auch beruflich um die Welt.

Meine Eltern zum Beispiel wohnen zurzeit in Afrika, aber vermutlich nicht lange. Irgendwann wird mein Vater wieder versetzt und vielleicht leben sie dann eine Weile im ewigen Eis. Wo immer sie sind, in den Ferien werde ich sie besuchen. So komme ich auch ganz schön rum.

Mein Onkel lebt gerade in London, meine Patentante in Washington und mein Freund will demnächst für ein Jahr nach Australien gehen. Ich fürchte, ich muss mir die Ferien bald gut einteilen, wenn ich alle mal besuchen will.

Ich kenne nur einen einzigen Menschen, der nie verreist, sondern immer da bleibt, wo er seiner Meinung nach hingehört. Das ist meine Großtante Henriette. Und der Ort, an den sie gehört, ist dieses Haus, in dem sich das Zimmer befindet, in dem ich gerade sitze und schreibe. Weil meine Eltern nämlich so viel unterwegs sind, wohne ich bei meiner Großtante, die eine Schwester meiner Oma ist. Ich soll hier in Ruhe ein gutes Abitur machen. Und Ruhe habe ich hier. Manchmal sogar zu viel Ruhe. Meine Tante ist für unsere Zeit ein ungewöhnlich statischer Mensch.

Ich will es aber gar nicht anders haben. Manchmal ist es zwar langweilig in ihrem Haus und ich sehne mich nach einer chaotischen Familie mit Eltern und Geschwistern. Aber weil mein merkwürdiges, wunderliches, hageres, strenges, humorloses altes Tantchen so beschaulich lebt, ist sie der einzige Mensch auf der Welt, in dessen Nähe mich ein flauschiges, fluffiges Zuhausegefühl überkommt. Als ich mit zwölf zu ihr gezogen bin, hätte ich das nie gedacht. Aber seit der Mittelohrentzündung, die ich ein paar Monate später hatte, weiß ich es. Mein rechtes Ohr tat damals so unvorstellbar weh, dass ich vor Schmerz weinen musste. Und meine Tante hat damals ihre Hand daraufgelegt und es wurde besser und ich bin eingeschlafen. Als ich früh morgens aufwachte, saß sie immer noch in dem Sessel neben meinem Bett und hatte die Hand auf meinem Ohr. Es ist schön, dass sie so statisch ist.

Irgendwann muss ich mein altes Tantchen allein lassen. Ich muss dann wohl auch um die Welt reisen. Ich hoffe, dass meine Tante noch lange lebt, damit ich noch lange nach Hause kommen kann.

Oder werde ich auch ein statischer Mensch? Ich weiß es noch nicht. Das ist heutzutage ziemlich unmodern. Aber warum eigentlich nicht? Vielleicht finde ich ja einen Ort, an den ich gehöre.

Dana Winter

Immer noch Dienstag, 28. Juni

Bei manchen Menschen frage ich mich, was ihnen in ihrer Kindheit widerfahren ist. Was hat sie wohl zu den Menschen gemacht, die sie sind? Haben sie nach der Geburt komisch gerochen und ihre Mütter mochten sie nicht? Waren sie später die Sorte Kind, mit der nie einer spielen wollte? Oder noch schlimmer: Mussten sie beim Harry-Potter-Spielen immer Dobby sein und den anderen dienen? Irgendetwas muss alle bunten Farben und Wörter und Gedanken aus ihrem Leben getilgt haben.

23.30 Uhr Ich glaube, der Autor von »Pubertäter brauchen Väter« hatte ein schreckliches Erlebnis in seinen Teenie-Jahren! Oder warum schreibt einer Sätze wie: »Die sogenannte Peergroup umfasst gleichaltrige Heranwachsende aus demselben Milieu und mit ähnlichen Interessen. Hier knüpfen Heranwachsende Beziehungen, testen Rollenbilder und entwickeln gemeinsame Rituale.«

Ich vermute, er kennt Wörter wie »Freunde treffen« oder »Spaß haben« einfach nicht.

Na, wie auch immer: Dank Flocke konnte ich heute Abend endlich mal wieder meine »Peergroup« treffen und ein paar

Rollenbilder testen. Paps war bei einer Sitzung an der Uni und traf seine Peergroup, lauter alte Kunsthistoriker. Rosalie übernachtete bei Niklas. Flocke und ich hatten also sturmfrei. Das hieß natürlich zuallererst: Musik an und Bässe rein, bis der Boden wummerte. Dann haben wir für unsere Gäste gekocht und sind dabei wie wild vorm Herd rumgehüpft.

Okay, gekocht ist wohl das falsche Wort. Flocke und ich sind ja beide nicht so die Künstler am Herd. Ich habe Oliven, Peperoni und eingelegte Tomaten auf Teller gelegt, sie mit Basilikum, Thymian und einem Scheibchen Baguette dekoriert und das Ganze Vorspeise genannt. Flocke hat eine Wassermelone in Stücke geschnitten, was unser Nachtisch war. Dazu ließen wir im Takt der Musik unsere Schultern tanzen und unsere Hüften kreisen und wir haben gesungen. Laut und schön, wie wir fanden. Primel war aber anderer Meinung, sie ist aus der Küche geflohen wie aus einem Hexenkessel.

Zuletzt haben Flocke und ich Spaghetti in kochendes Salzwasser geworfen, einen riesigen Topf voll, das kriegen wir nämlich gerade noch hin. Und mit dem Pesto, das Dana mitbringen wollte, ergab das ein komplettes mediterranes Menü, bei dem auch unsere Vegetarier Maiken und Felix mitfuttern konnten. Fertig. Tisch gedeckt, Kerzen an, und dann kamen auch schon die Gäste: Erst Maiken, ganz in Schwarz, mit roten Lippen und gekonnt verstrubbelten Haaren, sichtlich aufgeregt. Danach Dana, die Flocke mit Küssen so ablenkte, dass er nicht merkte, wie die Spaghetti zischend überkochten.

Fabi und Benny schleppten gemeinsam einen Kasten Bier ins Haus. Dann klingelte Vicky, die Felix aus einem mir völlig unbegreiflichen Grund dabeihaben wollte, weswegen Flocke sie leider eingeladen hat. Zum Glück war ich vorgewarnt, sonst hätte ich bei ihrem Anblick vielleicht ein Wort ausgerufen, das man nicht sagt.

Warum schaffe ich es eigentlich nicht, Vicky aus meinem Leben zu vertreiben? Sie mag mich doch gar nicht. Warum kommt sie mir immer in die Quere? Warum will immer irgendwer Vicky dabeihaben? Und warum kommt sie dann auch noch?

23.45 Uhr Wir warteten alle zusammen auf Tom und Felix und freuten uns fast ein Loch in den Bauch, dass Felix gleich endlich wieder live und in Farbe vor uns stehen würde.

Als es endlich klingelte, stürzte Fabi zur Haustür und riss sie auf. »Ladies and Gentlemen«, trötete er wie ein Zirkusdompteur. »Hier sind sie: Tom, der Schrecken seiner Feinde. Und an seiner Seite Felix, der Schrecken seiner Freunde! Tätäää!«

Wir johlten und applaudierten und trampelten mit den Füßen, als unser lang vermisster Mister X den Raum betrat und verlegen lachend vor uns stand. Und ich freute mich natürlich auch über Tom, der mich beim Reinkommen küsste und fest an sich drückte und in seinem schneeweißen T-Shirt und mit seiner gebräunten Haut so umwerfend aussah, dass ich mal wieder Gnie bekam.

So ganz unrecht hatte Fabi mit seinen Worten allerdings nicht. Wir, Felix' Freunde, waren wirklich erschrocken, als wir unseren langersehnten Kumpel sahen. Er war blass, schmal und dünn, aber damit hatten wir gerechnet. So ein Zusammenstoß mit einem Lastwagen hinterlässt Spuren. Neu war aber sein trauriges Lächeln. Und dann war da noch irgendwas mit seinem Kopf passiert. Brrr. Das hatte er vor seiner Abreise noch nicht gehabt. Erst nach ein paar Sekunden kapierte ich: Boah, das waren seine Haare. Felix' frühere Locken waren zu filzigen Würstchen gezwirbelt und standen wie Igelstacheln von seinem Kopf ab.

Wir haben das erst mal nicht beachtet, denn wir mussten ihn jetzt drücken und umarmen und uns freuen, dass er wieder da war. Keiner sprach es aus, aber wir dachten in diesem Moment vermutlich alle: Wäre er mit seinem Fahrrad nur ein paar Zentimeter weiter über die Fahrbahn geschlittert, dann wäre er jetzt nicht hier, dann wäre er tot. Darüber wollte ich nicht mal nachdenken. Wie sehr er uns allen gefehlt hatte, das merkten wir erst jetzt so richtig, als er wieder vor uns stand. Felix mit den warmen braunen Augen, immer gut drauf, aber auch immer bereit zu einem ernsten Gespräch, immer hilfsbereit, immer ein Lied pfeifend, immer er selbst, immer einfach Felix.

Als sich der erste Wirbel gelegt hatte, wollten wir dann aber doch von ihm wissen, was mit seiner Frisur passiert war.

»Ey, hast du in der Kur Elektroschocks bekommen, oder was?«, fragte Benny und betrachtete besorgt Felix' Hinterkopf, an dem weiße Kopfhaut durch die seltsamen Zöpfchen schimmerte.

»Das sind Dreadlocks«, behauptete Felix selbstbewusst.

»Eins weiß ich sicher«, meinte Dana. »Dreadlocks sind das nicht.«

»Du siehst aus wie das Lama, das ich neulich im Zoo gesehen habe.« Fabi berührte vorsichtig eine von Felix' Zotteln. »Das sah aber nicht auf dem Kopf so aus, sondern hintenrum.«

»Tja. Das verdanke ich dem Mädchen.« Felix grinste vielsagend.

»Hohoho«, röhrte Fabi.

»Welches Mädchen denn?«, wollte Maiken wissen. Sie sah plötzlich angespannt aus.

»Na, *das* Mädchen. Es gab da nur eins. Es gab überhaupt nur einen einzigen Menschen in dieser Kurklinik, der jünger als sechzig war, und das war sie. Kati. Alle anderen waren Rentner und hatten eine neue Hüfte oder ein neues Knie. Kati saß im Rollstuhl und wollte lernen, wie man Dreads macht, und sie brauchte ein Versuchskaninchen, an dem sie abends rumfrisieren konnte. Ich war der Einzige, der noch nennenswert Haare auf dem Kopf hatte. Und die Alternativen fürs Abendprogramm waren ein Kegelclub und ein Gospelchor namens ›The Joy of Singing‹. Na, und da habe ich mich für die Dreads entschieden.«

»Ich finde, Kati sollte noch sehr viel üben«, sagte Fabi. »Aber lieber an Lamas.«

»Wie kommst du überhaupt dazu, dich mit wildfremden Mädchen rumzutreiben, kaum passen wir mal nicht auf dich auf.« Vicky verschränkte gespielt empört die Arme vor der Brust.

»Hey, das war harmlos. Kati war dreizehn und sie war total verliebt in irgendeinen Typen in ihrer Klasse«, protestierte Felix. »Alles, was sie von mir wollte, waren meine Haare.«

»Na, die hat sie ja wohl gekriegt«, knurrte Maiken säuerlich. Man sah ihr deutlich an, dass ihr der alte Felix besser gefallen hatte. Jetzt hätte Felix eigentlich mal was zu ihrer Frisur sagen können. Das tat er aber nicht. Er wirkte müde und sagte überhaupt nicht viel. Und ich glaube, auch davon war Maiken irritiert. Irgendwie lief das nicht gut zwischen den beiden.

»Du krümelst«, verkündete Fabi, der gerade mit den Fingern an einem von Felix' Haarwürstchen herumzwirbelte. »Iiih, nein, du krümelst nicht nur, du schimmelst sogar. Da drinnen ist alles weiß.«

»Essen ist fertig«, sagte ich in das Schweigen hinein, das plötzlich entstanden war. Alle starrten mich an, als hätte ich etwas sehr Unpassendes gesagt. Hatte ich wohl auch. Trotzdem war das Essen fertig.

Und dann kam ganz plötzlich Bewegung in die Gesellschaft. Ich hatte gar nicht bemerkt, dass Tom sich mit Flocke zu einer kurzen Beratung in die Küche zurückgezogen hatte. Jetzt kam er ins Wohnzimmer zurück, flüsterte kurz mit Benny und Fabi und wandte sich dann an Felix. »Tut mir leid, aber ein Freund muss tun, was ein Freund eben tun muss.« Und schon stürzten sich die drei auf Felix und hielten ihn fest, während Flocke wie aus dem Nichts auftauchte, seinen brummenden und surrenden Haarschneider in der Hand. Drohend näherte er sich damit Felix' Frisur und der ergab sich lachend, ohne sich zu wehren. Zehn Minuten später hatte er ein weiches, braunes Maulwurfsfell auf dem Kopf und das stand ihm gar nicht schlecht. Er sah definitiv besser aus als vorher.

»Ich hatte gehofft, dass ihr das tut«, sagte er nur, als er aufstand und sich die Dreads vom T-Shirt schüttelte.

»Äh, tu das in den Sondermüll«, knurrte Flocke. »Und jetzt ab ins Bad und Haare waschen!«

Tatsächlich verschwand Felix hinter der Badezimmertür und kam ein paar Minuten später nach Shampoo duftend zurück. Gemeinsam fegten wir die Haarzotteln zusammen und gingen endlich zum gemütlichen Teil des Abends über. Die Spaghetti waren jetzt zwar kalt und klebrig, aber mit dem Pesto trotzdem genießbar.

Wenig später waren wir satt, zufrieden und bester Laune. Wir hatten Felix erzählt, was er hier verpasst hatte, was nicht viel gewesen war, denn das meiste wusste er sowieso schon längst von Tom. Er hatte von seiner Kur berichtet, aber das klang alles nicht besonders aufregend.

Gemeinsam haben wir dann einen Maki-Plan geschmiedet, also eine Alternative zum Spendenlauf ausgeheckt. Maiken saß jetzt neben Felix auf dem Sofa. Beide wirkten, als würden sie sich nicht besonders beachten. Aber wer so genau hinsah wie ich, der konnte merken, dass sie sich keinesfalls egal waren. Immer, wenn sie sich vorbeugte, stützte auch Felix seine Ellenbogen auf die Oberschenkel. Lehnte sie sich zurück, dann richtete er sich auf und räkelte sich. Und einmal hätte er fast den Arm hinter ihr auf die Rückenlehne des Sofas gelegt, aber dann zog er ihn zurück. Und das war das eigentlich Auffällige daran. Denn wenn da nichts dabei gewesen wäre und er nur einfach bequemer hätte sitzen wollen, dann hätte er das ja tun können. Aber ich glaube, er wollte den Arm um sie legen und hat sich nicht getraut.

Als alle durcheinanderredeten und keiner auf uns achtete, zog Tom mich in unsere Garderobennische, nahm mein Gesicht in seine Hände und küsste mich. Er ließ sich auch dann nicht stören, als Flocke vorbeikam und laute Schmatzgeräusche von sich gab.

Felix war irgendwann ziemlich müde und wirkte noch blasser als vorher. Tom und er haben sich daher früh verabschiedet. Vicky ist mit ihnen gegangen und hat sich auf der Straße bei den beiden eingehakt. Sie wusste, dass Maiken und ich an der Tür standen und ihnen nachsahen. Sie muss sich eben immer irgendwie in den Vordergrund drängen. Aber ich war ganz gelassen, denn nach solchen Küssen hat man echt keinen Grund zur Eifersucht. Soll sie Tom doch anbaggern. Ich bin viel privater als sie! Aber Maiken sah man doch an, dass sie Vicky am liebsten in einer Rakete ins All geschossen hätte.

00.23 Uhr Ich bin dann in mein Zimmer gegangen, bevor Paps zurückkam und mich unter Flockes Gästen entdecken konnte. Aber er ist ja nicht doof. Dana hätte er unter Florians Freunden natürlich erwartet, aber Maiken nicht, und Benny kennt er auch aus meiner Klasse. Er hat also zwei und zwei zusammengezählt.

Solange unsere Gäste noch da waren, bewies mein Vater Stil. Er zog sich in sein Arbeitszimmer zurück und wartete dort, bis Florian das Wohnzimmer aufgeräumt und alle Freunde verabschiedet hatte.

Ich nehme an, dass er diese Zeit nutzte, um bei der Lektüre von »Mann oder Memme« Kraft zu tanken. Und danach ging's dann los. Aber hallo. Diesmal traf das Donnerwetter allerdings nicht mich, sondern Flocke. Ich durfte nicht mal dabei sein, was mich ärgerte, denn aus den Wortfetzen, die durch die verschlossene Tür drangen, schloss ich, dass es auch und vor allem um mich ging. »Lilia«, »Konsequenz«, »durchgreifen«, »Grenzen setzen«, das war Paps und da kochte mir die Galle hoch. »Sechzehn«, »alt genug«, »schließlich ihr Leben« und »selbst bestimmen«. Flockes Worte waren dagegen Balsam in meinen Ohren. Die beiden debattierten ewig und irgendwann war es mir zu riskant, auf der Treppe zu sitzen und beim Zuhören erwischt zu werden. Ich schlich leise in mein Zimmer zurück.

0.37 Uhr So, und jetzt bereite ich noch schnell die Aktion vor, die wir für morgen geplant haben.

0.56 Uhr Habe drei Plakate entworfen, ein Exemplar für jedes Stockwerk der Schule.

»Spendenmarathon? Nein danke!« steht oben ganz fett in Rot. Darunter findet man dann unsere Argumente, unser Alternativprogramm und eine neue Mailadresse, unter der man sich anmelden kann. Wer statt am Marathon lieber an unserer Aktion teilnehmen will, sollte für Montag eine bezahlte Tätigkeit finden, gern auch bei Verwandten oder Bekannten der Eltern. Da jobben wir dann alle den ganzen Tag lang und das Geld, das wir dabei mit echter Arbeit verdienen, spenden wir an »Ärzte ohne Grenzen«. Die neuen Tische in der Cafeteria wollen wir nicht unterstützen, weil wir sie für überflüssig halten. Aber die medizinische Versorgung von Menschen in Krisenregionen finden wir wichtig. Und dafür wollen wir auch arbeiten. Damit beweisen wir, dass wir nicht faul oder egoistisch sind, und auch, wie gut wir zusammenhalten und uns unterstützen. Denn wir schützen uns ja gegenseitig. Einen allein kann ein Schulleiter vielleicht von der Schule werfen. Aber eine ganze Gruppe? Das dürfte schwierig sein.

Wir wollen alle mitmachen, auch Felix, obwohl der ja sowieso noch nicht kilometerweit rennen kann. Und sogar Vicky. Damit sind wir schon acht. Wenn noch ein paar mehr Leute mitmachen, bekommt der Maki richtig Gegenwind. Mit jedem weiteren wird es für alle leichter. Und ich wette, dass wir noch ein paar Mitstreiter finden.

Und wenn der Maki wegen unserer Aktion einen Brief an un-

sere Eltern schreibt, dann hoffe ich sehr, dass sie stolz auf ihre Sprösslinge sind.
Mehr kann uns nicht passieren. Wenn wir viele sind, sitzen wir am längeren Hebel.

Viktoria Großmann
Albert-Schweitzer-Gymnasium
Klasse 10 b
Schreibprojekt Geschichte

Handyklingeltöne

Handyklingeltöne sind in unserer Zeit richtig wichtig. Sie sind ein hörbares Zeichen unserer Zeit. Deswegen werde ich mich hier jetzt ausführlich und seitenlang über Handyklingeltöne auslassen und die häufigsten Typen kurz vorstellen.

1. Tierische Geräusche

Ja, Handys können grunzen, quieken, quaken, muhen, bellen, miauen, wiehern, krähen, röhren und brüllen. Und jetzt hoffe ich sehr, dass mein Lehrer nicht weiterliest, denn natürlich werde ich nicht mich nicht seitenlang über Handyklingeltöne auslassen. Wie bescheuert ist das denn?
Ich finde das ganze Projekt sowieso nur nervig. Zeitgefühl. Zeitzeugen. So ein Quatsch. Klar, ich bin sicher, dass in hundert Jahren irgendwer diese Mappe finden wird. Und vermutlich wird er sie total interessant finden und eine Doktorarbeit darüber schreiben. Aber muss man das unterstützen?

2. Menschliche Geräusche

Ich glaube nicht, dass es später irgendwen interessiert, wie heute Handys klingeln. Und wenn, dann kann er sich das ja fragen und auf diese Frage keine Antwort bekommen. Es gibt viel wichtigere Fragen, auf die man nie eine Antwort kriegt. Zum Beispiel auf die: Herr Welter, lesen Sie gerade diesen Text? Wenn ja, dann sind Sie jetzt in einer echten Zwickmühle. Dann sind Sie jetzt stinksauer auf mich und können nichts tun, denn Sie können ja nicht zugeben, diesen Text gelesen zu haben. Sie können mir nur eine schlechte Mitarbeitsnote geben. Ich nehme an, dass Sie das tun werden.

3. Maschinengeräusche

Am liebsten würde ich einfach nur Bla schreiben. Aber das fällt auf. Stattdessen schreibe ich hier besser Wörter wie Handy hin und Klingelton und Geräusch und Presslufthammer und Motor und quietschende Reifen.

4. Musik

Filmmusiken sind beliebte Klingeltonmotive. Außerdem natürlich alle anderen Arten von Musik.
Wenn ich jetzt vergesse, diesen blöden Zettel in dreißig Jahren aus dem Stadtarchiv zu holen, wovon ich stark ausgehe, dann liegt er da und wird vielleicht irgendwann von irgendwem gelesen. Na, mir doch egal. Was ich hier schreibe, ist eindeutig ein Zeichen meiner Intelligenz.
Ob ich wohl die Einzige bin, die das Projekt boykottiert?
Ich wette, die meisten aus meiner Klasse finden es sogar noch witzig und schreiben brav irgendeinen Müll über ihr Leben auf. Lilia wird bestimmt besonders begeistert rumsülzen. Und dann

gibt sie zehn Seiten ab und macht bei Herrn Welter mal wieder auf Lehrerliebling. Aber bei Tom und Felix kann ich mir das eigentlich nicht vorstellen. Die haben mehr drauf. Habe Tom gestern gefragt, was er schreiben wird, als wir nachts noch so lange vor meinem Haus standen. Er wusste es noch nicht.

5. Sonstige Klingeltöne

Dritte Seite! Gleich bin ich fertig. Klingelton, dieses Wort sollte wohl so langsam mal wieder fallen. Martinshorn. Tatütata. Zerbrechendes Glas. Sehr originell. So, jetzt habe ich wirklich keine Lust mehr. Ich schreibe noch einen Schluss, der wirklich von Klingeltönen handelt, nur zur Tarnung, und das war's dann.

6. Mein eigener Klingelton

Meinen eigenen Klingelton habe ich abgestellt. Mein Handy vibriert nur. Eigentlich machen das die meisten Leute, die ich kenne. Vielleicht ist das aber nur bei Schülern so. Wir dürfen die Dinger auf dem Schulgelände ja nicht benutzen. Ich habe irgendwo gelesen, dass es Klingeltöne gibt, die Erwachsene nicht hören können, nur Leute unter zwanzig. Das liegt daran, dass sich das menschliche Gehör im Laufe des Lebens verändert. Jugendliche können ganz hohe Pfeiftöne noch hören und Hunde auch. Ältere Menschen nicht. Muss mal sehen, ob ich mir so einen Ton irgendwo runterladen kann.

Vicky Großmann

 Mittwoch, 29. Juni

»Mann oder Memme« ist ein extrem weltfremdes Buch. Da steht zum Beispiel drin, wie man Probleme löst: Love it, change it or leave it. Wenn man in einer unangenehmen Situation steckt, soll man sie entweder lieben, etwas daran ändern oder einfach gehen. Ja, super! Wenden wir das mal auf mein aktuelles Problem an: Auf der Flucht vor unserem Direktor habe ich mich im Schulklo eingeschlossen. Ich will hier echt nicht sein, aber ich kann dieses Klo weder verändern noch verlassen. Soll ich es jetzt lieben, oder was?

7.08 Uhr Tja. Das war jetzt sozusagen ein Griff ins Klo. Ich wollte schulpolitisch aktiv werden und engagiert für unsere Rechte eintreten. Und jetzt sitze ich im Mädchenklo auf dem Klodeckel und draußen auf dem Gang patrouilliert vermutlich ein wutschnaubender Schulleiter mit knallroten Tortellini-Ohren wie ein Wachsoldat hin und her und wartet darauf, dass ich herauskomme.
Das tue ich aber nicht. Zu dieser frühen Stunde sind die Gänge in der Schule noch leer und wenn ich jetzt hier rauswitsche, kann ich nicht im Gewühl untertauchen, dann hat er mich sofort.

In einer halben Stunde stehen meine Chancen besser. Wenn hier am Spiegel viele Mädchen stehen und sich kämmen und schminken, kann ich mich einfach dazustellen und irgendwann mit ihnen den Raum verlassen. Woher soll Herr Makel dann wissen, welche von uns da schon ewig drin war? Er hat mich ja beim Reingehen nicht gesehen, sondern nur gehört. Er müsste sich also alle merken, die vorher rein- und rausgegangen sind, und das sind zu viele, das schafft er nie.

7.12 Uhr Love it, change it or leave it.
Okay. Ich versuche es. Ich sehe diesen Ort jetzt mal so positiv, wie ich nur kann. Erstens bin ich hier sicher, denn der Maki ist männlich und kann hier nicht rein. Zweitens ist es hier kein Problem, wenn ich mal muss. Und drittens gibt es hier viele Klosprüche, die ich lesen kann. Eine Schreiberin hat offenbar auch versucht, positiv über dieses Örtchen zu denken. Sie hat an die Innenseite der Tür ein kleines Gedicht gekritzelt:

»Ich bin froh,
denn mein Po
passt genau auf dieses Klo.«

7.17 Uhr Ja. Meiner passt auch. Aber ich kann mich darüber nicht freuen. ICH WILL HIER RAUS!!!
Wait for better times – in den meisten Fällen ist das doch die einzige Lösung für Probleme aller Art.

7.19 Uhr Ich warte also. Oh Mann, wenn ich nur daran denke, dass ich DAFÜR auch noch früher aufgestanden bin! Und das war schwer, denn es war echt spät gestern Nacht. Ich habe ja die halbe Nacht Plakate gemalt.

Aber ich habe das trotzdem durchgezogen, denn ich wollte meine Aushänge ans Schwarze Brett pinnen, bevor sich die Schule füllen würde. Alle sollten sie vorm Unterricht sehen. Bis zum Marathon haben wir ja nur noch ein paar Tage Zeit und wenn wir unsere Aktion wirklich durchziehen wollen, müssen wir schnell damit anfangen.

Tom konnte leider heute früh nicht mitkommen, denn er geht ja vor der Schule immer noch eine Runde mit seinem Hund. Also hab ich das allein gemacht.

Die Schule war noch ganz still, als ich ankam, und meine Schritte hallten durch die leeren Gänge. Vorsichtshalber zog ich die Schuhe aus, ich wollte ja keine schlafenden Schulleiter wecken.

Das erste Plakat habe ich gleich im Erdgeschoss mitten ans Schwarze Brett geheftet. Dann bin ich auf Zehenspitzen die Treppe hochgehuscht und habe das zweite an die Tür zum Mädchenklo geklebt. Das dritte kam noch ein Stockwerk höher an die Jungstoilette. So konnte ich sicher sein, dass im Laufe des Vormittags garantiert jede Schülerin und jeder Schüler an einem meiner Aushänge vorbeilaufen würde. Ich hoffte außerdem, dass die Lehrer die Plakate an den Toiletten nicht so schnell bemerken würden, sie haben ja ein eigenes Klo.

Als ich fertig war, ging ich die Treppe runter und wollte im Vorbeigehen mein Werk noch einmal stolz betrachten. Aber – Schock!!! Das Plakat am Mädchenklo war weg! Vor fünf Minuten hatte ich es da erst hingeklebt und schon war es verschwunden. Ich blieb stehen und wusste nicht, was ich tun sollte. Irgendwer war hier. Aber wer? War ich die ganze Zeit beobachtet worden? Nix wie weg!

In diesem Moment hörte ich im Erdgeschoss das Geräusch von reißendem Papier. Das war garantiert mein Plakat am Schwarzen Brett. Dann räusperte sich jemand da unten und ich erkannte die Stimme von Herrn Makel.

Ja, toll! Ich saß in der Falle! Und nicht nur das: Außerdem war alles hin. Keine Plakate, kein Boykott, so einfach war das. Natürlich hatte ich damit gerechnet, dass Herr Makel sich unseren Protest nicht lange gefallen lassen würde. Aber dass er so schnell sein würde, hätte ich nicht gedacht. Und was ich besonders unheimlich fand: Ich hatte beim Raufgehen niemanden gehört oder gesehen. Der Maki muss aber die ganze Zeit da unten rumgeschlichen sein. Warum hatte ich seine Schritte nicht gehört? Hatte auch er seine Schuhe ausgezogen? Was für ein gruseliger Gedanke! Und – wäre er zuerst nach oben statt nach unten geschlichen, hätte er mir beim Plakatkleben vermutlich plötzlich mit spitzem Finger auf die Schulter getippt. Darüber wäre ich nie hinweggekommen. In einer komplett leeren Schule Auge in Riesenauge mit dem Maki, das ist Stoff für lebenslange Albträume.

Ich huschte zum Treppengeländer und lauschte nach unten, aber da regte sich nichts. Bestimmt wartete Herr Makel neben der Eingangstür auf den Missetäter, der die Plakate aufgehängt hatte.

Aber dann änderte er seinen Plan. Klar! Er konnte ja nicht wissen, ob ich überhaupt noch da war. Und das wollte er jetzt überprüfen. Ich hörte schnelle Schritte, die auf die Treppe zukamen. Also wich ich rasch vom Geländer zurück, überlegte einen Moment und raste dann auf die einzige Tür zu, die er nicht würde öffnen können. Die vom Mädchenklo. Laut Schulordnung dürfen männliche Wesen das Mädchenklo niemals betreten. Und so wie ich die Gesetze in diesem Land kenne, könnte es auch weit über die Schule hinaus ein ziemlicher Skandal werden, wenn ein Schulleiter Mädchen auf die Toilette verfolgt und dort an ihre Tür wummert. Das konnte der Maki nicht riskieren, in diesem Raum war ich sicher.

Was ich nicht bedacht hatte: Die Klotür quietscht. Wenn der Maki vorher nicht wissen konnte, ob der Übeltäter noch im Schulhaus war – jetzt war es klar.

Und deswegen sitze ich jetzt hier. Und sitze. Und sitze.

7.35 Uhr Endlich! Türklappern, Stimmen, Gelächter. Noch fünf Minuten, dann wage ich die Flucht!

8.15 Uhr Geschafft. War ganz leicht, denn als ich aus dem Klo kam, war da niemand.

Da stellt sich natürlich die nagende Frage, ob ich grundlos eine halbe Ewigkeit auf diesem Klodeckel saß. Aber ich will nicht darüber nachdenken. Lieber erhalte ich mir den letzten Rest meines Selbstwertgefühles, indem ich mir einbilde, dass ich dank meines Durchhaltevermögens ganz knapp einem rasenden Schulleiter entronnen bin. Und mein Selbstwertgefühl muss dringend aufgepäppelt werden. Denn viel schlimmer als meine Dauerklositzung war das, was danach kam.

Oh Gott, ich bin so blöd!!! Ich schätze, ich habe ungefähr den IQ einer Seepocke. Das sind Lebewesen, die sich nie von der Stelle bewegen, sie brauchen also nicht viel Hirn. Und ich sollte mich am besten auch nie mehr von der Stelle bewegen, dann kann ich nicht viel Schaden anrichten. Ich muss mir nur noch einen passenden Ort für den Rest meines Lebens aussuchen. Wie wäre es denn im Mädchenklo? Da passt wenigstens mein Po drauf. Vermutlich ist das der Ort meiner Bestimmung! Mensch, echt, ich verstehe gar nicht, wie mir das passieren konnte.

8.20 Uhr Okay. Ich war müde. Deswegen bin ich nicht auf die naheliegende Lösung gekommen. Deswegen habe ich nicht daran gedacht, unsere Aktion einfach über Twitter, Facebook und SMS zu verbreiten. Oh Mann, das hätte ich sogar im Bett tun können. Warum schleiche ich stattdessen mit Plakaten in die Schule und lande schließlich auf dem Klo?

8.30 Uhr Klar, ich hätte das bestimmt noch gepostet. Wenn Vicky nicht schneller gewesen wäre. Gaaah!!!

8.31 Uhr Und Vickys Aktion hatte Erfolg. Als ich nach meiner Klositzung Tom endlich gefunden hatte, war er von einer Traube von Schülern umringt. Und vor allem von ganz vielen Schülerinnen. Alle haben schon lange genug von der diktatorischen Art unseres Direktors. Alle finden den Spendenlauf nervig. Und inzwischen wussten alle von dem geplanten Boykott und alle wollten bei unserer Aktion mitmachen. Eigentlich war das ja toll.
Nur – es war gar nicht mehr unsere Aktion. Es war plötzlich nur noch Toms. Sein Name war in aller Munde, er war der neue Held der Schule. Und Vicky war plötzlich so etwas wie

seine Pressesprecherin. Sie stand an seiner Seite, gab Interviews und koordinierte die ganze Sache.

Und ich? Niemand hat mich gefragt, wo ich die ganze Zeit gesteckt habe. Nicht mal Tom. Das war ja eigentlich ganz gut, ich wollte ja gar nicht darüber reden. Nur: Niemand hat mich vermisst. Auch Tom nicht. Und das war ein ganz schreckliches Gefühl.

8.45 Uhr Eben kam es zu einer kurzen Unterbrechung des Unterrichts: Herr Welter kam ins Klassenzimmer und überreichte den Klassensprechern die Organisationspläne für den Marathon. Wir sollen uns alle irgendwo als Helfer eintragen. Bis übermorgen. Tja, wir werden wohl leider nicht da sein.

9.40 Uhr Kunst. Wir malen ein Ei.

9.42 Uhr Hey, ich habe mir das nicht ausgedacht! Wir sollen echt ein Ei malen. Ein weißes. Wie kommen Lehrer eigentlich auf solche Ideen? Denken die beim Frühstück: Mist, was mache ich denn nachher mit der 10 b? Und dann fällt ihr Blick aufs Frühstücksei?

9.44 Uhr Ganz so war's wohl nicht. Unser heutiges Thema heißt »EIgenART«.

»Auf den ersten Blick gleicht ein Ei dem anderen«, trällerte Frau Hegemann eben vergnügt und ließ sich von unseren Muffelgesichtern nicht aus dem Konzept bringen. »Aber entscheidend ist doch unsere individuelle Sicht auf das Ei: Wo befindet es sich? Und wofür steht es? Welchen Aspekt seines Ei-Seins wollen wir in den Vordergrund stellen? Ist es empfindlich wie ein rohes Ei? Oder nahrhaft wie Rührei mit Speck? Zerbrechlich und vergänglich wie eine zarte Eierschale? Oder eine Keimzelle, der Anfang von etwas Neuem?« Sie strahlte uns aufmunternd an. »Los, Leute! Traut euch was zu! Legt eure ganze künstlerische Ausdruckskraft, ja, legt eure Seele in dieses Ei.«

9.53 Uhr Oookay. Dann lege ich jetzt also meine Seele in ein Ei. Darauf kommt es jetzt auch nicht mehr an.

10.30 Uhr Ei, ei, ei. Wenn wir diese Werke einem Psychologen zeigen, bekommt unsere Schule garantiert endlich den längst beantragten Schulsozialarbeiter. Und einen neuen Amok-Notfallplan kriegen wir dann auch. Diese Ei-Bilder zeigen nämlich seelische Abgründe, von denen wir selbst nichts wussten.

Mein Ei zum Beispiel liegt auf den ersten Blick friedlich in einem Nest, aber bei genauerem Hinsehen erkennt man daran eine Zündschnur, die bereits brennt. Damit spiele ich natürlich auf meine Situation zu Hause an. Ich bin in unserem Familiennest gerade ein hochexplosives Ei. Oder zumindest wäre ich es gern. Das ist meine künstlerische Message.

Maikens Bild hat eine politische Aussage. Es zeigt einen großen Berg weißer Eier und sie hat dafür schon zwei Tuben Deckweiß verbraucht. In der rechten unteren Ecke ihres fast ganz weißen Bildes sieht man eine braune Feder und daneben ein paar leuchtend rote Blutstropfen, die optisch richtig rausknallen. Maiken sagt: Die Feder erinnert an das arme Huhn in seiner Legebatterie, das in seinem farblosen, sinnentleerten Leben nur einen einzigen Daseinszweck hatte: diesen Haufen weißer Eier zu legen. Und das Blut symbolisiert den grausamen Tod des Huhnes, als seine Eierlegekapazitäten erschöpft sind. Sie nennt ihr Bild »EIgoismus«. Ich finde, sie hat dafür eine Ei-Ei-Eins verdient.

Das Ei von Felix geht mir ans Herz. Es liegt klein und schutzlos auf einer grauschwarzen Straße kurz vor dem rabenschwarzen Profil eines überdimensionierten Autoreifens. Felix versucht offenbar, seinen Unfall künstlerisch zu verarbeiten. Er macht Witze darüber, aber man sieht ihm an, dass ihm eigentlich nicht zum Lachen zumute ist. Wenn er sich neues Wasser für seinen Pinsel holen muss, hinkt er zum Waschbecken und verzieht vor Schmerz sein Gesicht. Tom folgt ihm dann jedes Mal mit den Blicken und ich sehe ihm an, dass er darüber nachdenkt, ob er aufspringen und Wasser für Felix holen soll. Aber er tut es nicht.

Danas Ei ist gerade von einer Tischkante gerollt, die man oben rechts im Bild sehen kann. Nun befindet es sich im freien Fall kurz vor dem Aufprall auf einen Steinboden. Ob ich doch mal mit Flocke reden soll? Ich glaube, ihr geht es echt nicht gut. Nur Toms Ei lässt auf ein einigermaßen ausgeglichenes Seelenleben schließen. Es kreist im Weltall zwischen lauter Planeten um die Sonne. Sein Bild heißt allerdings »EInsamkeit«. Vielleicht vermisst er mich?

11.00 Uhr Ich zumindest VERMISSE ihn! Ich vermisse seine Hand, seinen Mund, seinen Herzschlag, seinen Atem, seine Stimme, und ich will meine Nase in die Stelle an seinem Hals bohren, die so gut riecht. Ich vermisse ihn so sehr, dass ich mich elend und krank fühle. Und das, obwohl er ganz nah ist.

Er sitzt ja im selben Raum wie ich, ich kann sehen, was er tut: ER MALT EIN EI.

Oh, Mann, diese blöden Eier sind mir so was von schEIßegal. Ich finde die Situation hier komplett absurd. Es kann doch eigentlich gar nicht sein, dass Tom und ich tatsächlich in diesem Raum sitzen und Eier malen. Wir müssten woanders sein und Dinge tun, die wirklich, objektiv betrachtet, viel wichtiger sind. Ich möchte ihn am liebsten an seiner Hand hier herausziehen und mit ihm weggehen und ich weiß, er käme mit, wenn ich das täte.

WARUM TUE ICH ES NICHT???

Puh, weiteratmen. Einatmen, ausatmen.

Tom sieht mich an. Ich sehe ihn an. Wir küssen uns mit Blicken. Das fühlt sich an, wie Vanille riecht.

Aber da ist noch etwas, das ich fühle, wenn ich Tom ansehe. Plötzlich kommt er mir fremd vor. Ich kenne ihn und ich kenne ihn nicht. Seit wir zusammen sind, haben wir uns verändert. Vielleicht ist es auch so: Die Tatsache, dass wir zusammen sind, hat uns verändert. Er ist nicht mehr derselbe Tom, der noch vor ein paar Wochen meinen Radiergummi gegessen hat. Er ist jetzt plötzlich, ja, also, mir fehlt dafür das Wort, aber irgendwie ist er ganz schön ~~sexy~~ atemberaubend. Wir müssten jetzt viel Zeit haben und uns neu kennenlernen. Aber stattdessen ist da ein Meer von Stimmen und Gesichtern zwischen uns. UND WIR MALEN EIN EI.

Dingdangdong, endlich Pause, endlich Tom.

11.30 Uhr Ja, von wegen. Gestern konnten wir wenigstens in den Pausen allein sein. Heute nicht. Die Facebook-Gruppe

»Spendenmarathon – da läuft was schief« hat schon 82 Mitglieder, die aktiv beim Boykott mitmachen wollen. Und alle wollten in der Pause mit Tom reden, weil sie wissen möchten, wie das am Montag genau ablaufen soll.

Vom Maki kam bis jetzt noch keine Reaktion. Der glaubt wahrscheinlich, dass er die Sache gestoppt hat, weil er die Plakate rechtzeitig vernichten konnte. Aber wenn er seine kleinen weißen Ohren spitzt, dann wird er das Raunen auf den Schulfluren vermutlich bald hören. Und dann? Was tut er dann?

Ach, im Moment ist mir das so was von egal. Ich will Tom. Ich will wissen, was er denkt, was er fühlt und träumt. Und ich will an ihn denken und ihn fühlen und von ihm träumen.

12.05 Uhr Boah! Ich kann jetzt wirklich nicht länger Rücksicht auf das Ego meines Vaters nehmen. Ich MUSS Tom heute Nachmittag sehen und mit ihm allein sein. Das ist wichtiger als alles andere auf der Welt.

Betreff: Gruß aus der Ferne
Datum: 29.06., 22:23 Uhr
Von: Oliver Kirsch <oliver.kirsch@web.de>
An: Iris Kirsch <iris.kirsch@gmail.com>

Hallo, du schönste Blume meines Lebens,

ich weiß, du wirst diese Mail nicht so bald lesen. Ihr seid ja
da draußen am Meer in einem Funkloch und der Weg zum
nächsten Internetcafé ist weit. Trotzdem schreibe ich dir,
denn falls du diesen Weg irgendwann auf dich nimmst, soll
er nicht umsonst gewesen sein, dann sollst du auch eine
Nachricht von mir in deinem Postfach finden.
Uns geht es gut! Natürlich vermissen wir dich sehr, ich besonders, aber wir kommen klar. Und wir freuen uns schon
auf deinen baldigen Besuch.
Sag mal, gibt es hier im Haus irgendwo eine Gebrauchs-
anweisung für die Kinder und den Hund? Ich suche die seit
Tagen und finde sie nicht.
Nein, war ein Witz. Ich habe alles im Griff. Nur manchmal
bin ich natürlich ein bisschen unsicher, ich bin ja ganz neu
in dem Job als alleinerziehender Hausmann. Wenn du also
ein paar Tipps hast, wie ich mich am besten verhalte, wenn
die Kinder und der Hund nicht tun, was ich sage – das könnte hilfreich sein. Also, wie gesagt, es läuft gut. Ich glaube,
das ist ganz normal, wie das hier läuft. Du hast ja früher
auch oft erwähnt, dass die Kinder dich manchmal an den
Rand des Wahnsinns bringen. Also mach dir keine Sorgen!
Ich wollte nur sagen, falls du ein paar Ratschläge hast, bin

ich dafür offen. Und ich wüsste auch gern, bei welcher Temperatur man bunte Unterwäsche wäscht. Ist das wie Buntwäsche? Oder ist das Kochwäsche? Und wann war noch mal der Zahnarzttermin von Rosalie? Ach, ich rufe einfach bei der Praxis an.

Du siehst, ich hab's im Griff!

Es liebt dich

dein Tiger

Immer noch Mittwoch, 29. Juni

Aus Lilias Lexikon der Liebeswörter (LLL):
Va-tal (Adjektiv), Komparativ vataler, Superlativ am vatalsten.
Unangenehme, verhängnisvolle, peinliche Situationen, in
die Väter ihre heranwachsenden Kinder bringen können, be-
zeichnet man als vatal. In diese Kategorie gehören beispiels-
weise Gespräche über ⇨ Säggs. Vatale Situationen können sich
rasch zuspitzen und enden dann in der ⇨ Vatastrophe.

20.24 Uhr Als ich eben nach Hause kam, habe ich mich vor
der Tür kurz gefragt, ob mein Schlüssel noch passt. Ich dachte:
Vielleicht hat Paps zur Strafe das Schloss ausgewechselt. Vielleicht will er ja, dass ich demütig klingeln und um Einlass bitten
muss, weil ich mich nicht an den von ihm verhängten Hausarrest gehalten habe und den ganzen Nachmittag bei Tom war,
was er zwar nicht weiß, aber garantiert vermutet. Er hat das
Schloss aber nicht ausgewechselt. Der Schlüssel passte.
Ich habe dann fest damit gerechnet, in meinem Zimmer eine
wütende Botschaft von ihm vorzufinden, mit einer Verlänge-
rung meines Hausarrests auf lebenslänglich.
Da war aber nichts.
Irgendwann bin ich aufs Klo gegangen und habe dabei absicht-

lich Lärm gemacht. Paps sollte hören, dass ich zu Hause bin, er sollte kommen und mir endlich eine Strafpredigt halten. Ich wollte das hinter mir haben.

Aber er kam nicht.

20.45 Uhr Okay. Er hat gewonnen. Ich gehe jetzt runter und entschuldige mich bei ihm.

21.00 Uhr Tja. Geht nicht. Ich bin Luft für ihn. Schlechte Luft! Er spricht nicht mit mir, er sieht mich nicht an, er hört mir nicht zu. Paps ignoriert mich komplett, aber er wirkt dabei so vorwurfsvoll und aggressiv, dass man eigentlich eher von »aggnorieren« sprechen sollte.

21.05 Uhr Erst war ich ratlos. Ich stand vor ihm und wusste nicht, wie ich reagieren sollte. Aber dann fand ich es plötzlich sogar angenehm, dass es auf dieser Welt wenigstens einen Menschen gab, der kein Bedürfnis verspürte, mit mir zu sprechen. Was das angeht, war er nämlich heute der Einzige. Es war ein extrem wortreicher Tag und ich wollte einfach nur noch meine Ruhe haben.

Ich wünschte Paps daher freundlich eine gute Nacht und ging auf mein Zimmer.

21.30 Uhr Puh, da sitze ich nun und mein Leben kommt mir vor wie ein verfilztes Wollknäuel aus lauter Problemfäden. Liegt es daran, dass ich übermüdet bin? Dramatisiere ich mal wieder alles? Oder habe ich mich wirklich in meinem Alltag verheddert?

22.05 Uhr Ich sollte schlafen, aber ich kann nicht. Meine Gedanken fahren Karussell. Manchmal denke ich: Wir sollten bei diesem bescheuerten Spendenlauf einfach ein paar Runden rennen. Dann hätte ich jetzt Zeit und Ruhe für wirklich wichtige Dinge wie mit Tom zusammen zu sein. Aber dann denke ich wieder: Es gehört doch zu den wichtigen Dingen, dass wir uns gegen den Maki wehren. Wir sind doch nicht seine Marionetten. Wir müssen uns endlich mal fragen, was wir da in der Schule eigentlich machen! Wir rennen im Kreis herum, wenn es uns jemand befiehlt, wir sammeln Geld, wenn jemand welches braucht, und wir malen Eier, wenn jemand das Malen von Eiern kreativ findet. Aber wir schalten nie unseren eigenen Kopf ein. Und darauf sollte uns die Schule doch eigentlich vorbereiten, auf eigenes Denken, meine ich.

Ach, ich weiß gerade überhaupt nicht mehr, was wichtig ist und was nicht. Und ich bin sooo müde.

Zum Glück habe ich Tom.

22.17 Uhr Oder?

22.20 Uhr Iiih, da ist so eine fiese kleine Stimme in meinem Kopf, die leise, aber durchdringend sagt: Freu dich mal nicht zu früh, Lilia Kirsch. Wer weiß, wie lange du Tom noch hast. Bist du sicher, dass die Sache zwischen ihm und dir gerade gut läuft? Erinnere dich, wie das mit Jakob war. Erst warst du im siebten Himmel und nach drei Tagen war alles vorbei!

Und ich kann diese Stimme nicht zum Schweigen bringen, denn es gibt Anzeichen dafür, dass sie recht haben könnte. Mal ehrlich, im Vergleich zur letzten Woche, als wir noch auf der Insel waren, ist von unserer ersten Verliebtheit inzwischen schon ganz schön der Lack ab. Heute früh zum Beispiel, als Tom mich nicht mal begrüßt hat – das wäre ihm letzte Woche nicht passiert. Und dann heute Nachmittag. Hätten wir es schaffen können, allein zu sein, wenn wir es wirklich gewollt hätten? Aber wir wollten doch! Ich zumindest wollte. Und ich hatte das Gefühl, er wollte auch. Da war doch schon heute Mittag etwas in seinen Augen. Nein, Tom wollte eindeutig mit mir allein sein!

22.45 Uhr Ich kann sowieso nicht schlafen, dann kann ich auch alles aufschreiben und dabei meine Gedanken ordnen. Danach weiß ich vielleicht, was ich von diesem Nachmittag halten soll.

Als ich nach der sechsten Stunde zu Tom sagte, ich würde trotz Hausarrest nicht nach Hause gehen, sah er mich so erstaunt an, dass ich schon mit einer Diskussion rechnete. Tom hatte ja gemeint, dass wir Paps nicht unnötig reizen sollten. Aber dann dachte er nach, nickte, nahm meine Hand, ging voraus und zog mich hinter sich her. Er lief immer schneller und zog mich an allen vorbei, die mit ihm über den Marathon reden wollten, vorbei an unseren Freunden, die uns noch zuriefen, die Tanzstunde heute Nachmittag ja nicht zu verpassen, vorbei an Vicky, die Tom etwas fragte, das er nicht hörte oder nicht hören wollte, vorbei an Herrn Makel, der uns mit giftigen Blicken beschoss. Tom blieb erst stehen, als wir draußen auf dem Pausenhof waren. Dort stoppte er so plötzlich, dass ich stolperte und hingefallen wäre, wenn er mich nicht mit einem Arm gerade noch aufgefangen hätte.

Da standen wir uns also gegenüber und sahen uns an. Und in

seinen Augen lag etwas, das ganz wichtig und dringend war, etwas, das ich aber nicht so richtig deuten konnte.

»Tom?«, fragte ich und wusste plötzlich nicht mehr, was ich eigentlich hatte sagen wollen. Und dann nahm er mein Gesicht in seine Hände und küsste mich ganz sanft.

»Wo warst du nur den ganzen Tag?«, murmelte er und wirkte irgendwie ein bisschen verloren.

»Sorry«, sagte ich leise. »Ich hatte zu tun. Ich musste ein Ei malen.«

Er lächelte und jetzt sahen seine Augen wieder so aus, wie ich sie kannte. Aber ich hatte keine Zeit, darüber nachzudenken, was das eben gewesen war.

»Hey, bist du Tim Barker aus der Zehnten?«, fragte eine Stimme hinter Tom. »Ich hab da eine Frage, es geht um den Spendenlauf.«

»Nein«, antwortete Tom. »Ich bin nicht Tim.« Und der Junge zog ab Richtung Schule.

»Das war aber nicht nett.« Ich runzelte die Stirn.

»Okay, wenn du willst, rufe ich ihn zurück. Hey, du, Moment mal …«

»Tom, nein! Halt! Lass uns lieber abhauen.«

»Okay«, sagte er. »Wohin?«

Ich sah in seine dunklen Augen und konnte den Blick nicht mehr abwenden. Und am liebsten hätte ich dasselbe gesagt wie Rose auf der Titanic, als Leonardo-di-Caprio-Jack sie fragt: »Wohin, Miss?«, und sie »zu den Sternen« seufzt. Dann wäre ich gern mit Tom zum Bug eines Schiffes geschritten, hätte meine Arme ausgebreitet und meine Haare im Wind flattern lassen. Und Tom hätte mich natürlich festgehalten.

Aber das passte jetzt nicht. »Zur Pommesbude?«, schlug ich deswegen vor, was natürlich nicht halb so romantisch war, aber dafür nahrhafter.
»Nee, da treffen wir garantiert die ganze Schule.«
»Das stimmt natürlich.« Und um endlich mal allein sein zu können, beschlossen wir, zu Tom nach Hause zu gehen.
Ich hatte dabei gemischte Gefühle, ein neutraler Ort wäre mir lieber gewesen. Nichts gegen Toms Eltern, ich mag sie, aber in diesem Moment störte mich schon der Gedanke an sie. Sie erinnerten mich an einen anderen Tom, an einen, der nach Kaugummi roch und klebrige Pfoten hatte und gern mit mir auf seinem Bett rumhüpfte, bis wir kichernd herunterfielen.
Mein neuer Tom aber, der neben mir lief, hatte warme, sanfte Hände. Er roch nach Immer-bei-ihm-sein, anders kann ich es nicht beschreiben. Und er hatte etwas im Blick, das ich nicht kannte, aber unbedingt kennenlernen wollte. Über sein Bett wollte ich lieber nicht nachdenken, das war echt der falsche Moment, aber Kichern und Rumhopsen waren nicht die ersten Gedanken, die mir dazu einfielen.
Na gut. Bevor ich gar nicht mit ihm allein sein konnte, nahm ich es in Kauf, vorher mit seinen Eltern zu plaudern und an längst vergangene Zeiten erinnert zu werden.
Wir hatten dann aber Glück. Toms Eltern waren nicht zu Hause. Da war nur Cassie, die uns jaulend und schwanzwedelnd begrüßte. Auf dem Küchentisch lag ein Zettel von Toms Mutter.
»Bei mir wird es heute spät«, stand darauf. »Mach dir Pfannkuchen, ganz unten im Kühlschrank sind noch drei Eier.«
»Eier«, sagte Tom und rieb sich zufrieden die Hände. »Gut. Ich spüre schon den ganzen Morgen den unbezähmbaren Drang,

ein paar Eier zu zerstören.« Und dann gab er diesem Drang nach und zerknackte die Eier so schwungvoll am Rand der Rührschüssel, dass wir Pfannkuchen mit vielen Schalenstückchen essen mussten.

Wir merkten aber gar nicht mehr so genau, was wir da eigentlich aßen, denn als wir gerade am Tisch saßen, ging es los: Toms Handy klingelte. Er blickte kurz aufs Display, zuckte mit den Schultern und drückte den Anrufer weg. Ein paar Sekunden später klingelte es wieder. Tom stellte den Ton ab, jetzt summte es nur noch wie eine wilde Hummel. Und als es fertig gesummt hatte, fing es gleich wieder an. Es lag zwischen uns auf dem Tisch und drehte sich beim Summen um seine eigene Achse, bis Tom es einfing und ausschaltete. Dann fing mein Handy an zu summen – Florian! Er wollte garantiert wissen, wo ich steckte. Irgendwie hatte ich plötzlich ein schlechtes Gewissen meiner Familie gegenüber, die jetzt zu Hause saß und mit dem Essen auf mich wartete.

»Du, ich schreib nur kurz an Flocke, damit er weiß, dass ich nicht zum Essen komme, dann mache ich es aus.« Tom nickte und aß weiter. Eine Eierschale knirschte zwischen seinen Zähnen.

Kaum war die SMS geschrieben, summte mein Handy schon wieder. Dana.

»Mach's aus«, bat Tom und ich drückte Dana weg. Und wieder hatte ich ein schlechtes Gewissen. Aber ich machte mein Handy aus.

Wir waren noch nicht fertig mit dem Mittagessen, da klingelte im Flur das Telefon, der Anrufbeantworter sprang an, und eine Mädchenstimme tönte durchs Treppenhaus. Vicky.

»Tommilein«, säuselte sie. »Falls du da bist, geh mal dran, es ist wichtig.«

»Geh ruhig dran, Tommilein, wenn es sooo wichtig ist.« Ich lehnte mich zurück und verschränkte die Arme vor der Brust.

»Es ist nicht wichtig«, sagte Tom und stand auf. »Ich will jetzt nur eins.«

Was das war, habe ich nicht mehr erfahren. Cassie winselte plötzlich, erhob sich, gab merkwürdig pumpende Geräusche von sich und erbrach sich mitten auf den Küchenboden. Gleichzeitig klingelte das Telefon im Flur und die Türklingel schrillte laut durchs Haus. Durch das Küchenfenster sahen wir Felix, er klopfte an die Scheibe.

23.30 Uhr Nein, wirklich, ich glaube, Tom und ich hatten heute keine einzige Chance, zu zweit allein zu sein. Wir haben diesen Plan dann auch aufgegeben, unsere Handys wieder eingeschaltet und uns den Problemen gestellt, die da auf uns einprasselten. Ich fang mal mit den kleinen an und arbeite mich langsam hoch bis zu den Katastrophen …

Problem 1, Felix: In zehn Tagen ist Abschlussball. Er möchte unbedingt mittanzen und würde gern Maiken fragen, ob sie seine Partnerin sein möchte. (Wow! Es scheint wirklich zwischen den beiden zu funken. Ich hätte fast gequiekt, als er das sagte, schaffte es aber gerade noch, ein neutrales Pokerface zu machen.) Felix hat aber ein Problem: Mit seiner schmerzenden Hüfte kann er höchstens die langsamen Tänze mitmachen. Walzer, Tango, Rumba, vielleicht einen Foxtrott. Einen Jive oder eine Samba packt er nicht. Und er denkt, es wäre ja doof, wenn Maiken bei diesen Tänzen aussetzen müsste. (Sie würde das bestimmt anders sehen!)

Mein überaus diplomatischer Lösungsvorschlag: Er soll Maiken einfach fragen. Und wenn sie ja sagt, soll er beim Ball die langsamen Tänze mit ihr tanzen. Bei den schnellen springt dann Tom für ihn ein. Ich muss nämlich bei den schnellen Tänzen auch aussetzen, mit meinem Fuß, der nach meiner Flucht vor der wütenden Auerochsenkuh immer noch nicht ganz geheilt ist, schaffe ich die auch nicht. (Und selbst wenn, dann würde ich das jetzt nicht mehr zugeben!)

»Ob Maiken das nicht zu kompliziert findet, erst ich, dann Tom, dann wieder ich?«, fragte Felix.

Natürlich nicht. Aber das konnte ich ihm natürlich nicht sagen.

»Och, glaub ich nicht. Frag sie einfach«, habe ich ihm deswegen mit möglichst unergründlicher Miene geraten.

Problem 2, der Abschlussball: Ich brauche ein Ballkleid. Fast alle anderen haben schon eins. Aber wo soll ich das herzaubern? Mama ist ja nicht da und Paps ist dafür nicht so die ideale Begleitung. Ich könnte natürlich mit Dana oder Maiken losziehen. Aber ob Paps wohl gerade in der richtigen Stimmung ist, mir ein teures Kleid zu bezahlen? Eher nicht. Zumal er vermutlich nicht glaubt, dass so wenig Stoff so viel Geld kosten kann. Die Dinger sind aber ziemlich teuer. Und dann braucht man ja auch noch Schuhe. Schwierig. Noch keine Lösung in Sicht.

Problem 3, Vicky: Sie ruft Tom dauernd an und will sich allein mit ihm treffen. Er will mir nicht sagen, um was es geht, es ist ja bekanntlich »was Privates«, und er will sich tatsächlich mit ihr treffen, sobald er Zeit hat. Nicht, weil er das wirklich selbst will, sondern weil es wichtig für sie ist. Und ich soll ihm vertrauen, findet er, es sei alles in Ordnung, kein Grund für Misstrauen und Eifersucht.

Ich vertraue Tom. Wirklich. Trotzdem finde ich das obermega-merkwürdig und Vicky vertraue ich keinen Millimeter weit. Muss ich auch nicht, sagt Tom. Es reicht, wenn ich ihm traue. Typisch Mann! Es reicht eben nicht. Ich fühle mich ausge-schlossen, wie ein kleiner Hund, der leider draußen bleiben muss. Und ich kann mir überhaupt nicht vorstellen, was da los ist. Ich glaube, Vicky will bloß wieder im Mittelpunkt stehen und mich ärgern. Und Tom ist einfach zu gutmütig, um das zu merken. Aber das ist seine Sache, DAS GEHT MICH NICHTS AN, er gehört mir ja nicht, er kann sich treffen, mit wem er will. Nur: Was mach ich mit meiner Wut? Ich möch-te jemanden anfallen und beißen, wenn ich nur daran denke. Aber das tut man nicht. Grrr.

Problem 4, Dana. Sie braucht jemanden, der morgen Zeit für sie hat, und dieser jemand soll etwas zusammen mit ihr erledi-gen, was sie sich alleine nicht traut. Er soll keine Fragen stellen und einfach nur die Klappe halten und mitgehen. Und dieser jemand soll ich sein.

Ja, natürlich mach ich das für Dana. Trotz Hausarrest. Und obwohl ich echt auch mal gern mit Tom allein wäre. Natür-lich werde ich die Klappe halten. Ich wüsste nur schon gern, wo wir morgen hingehen. Braucht sie Geld? Rauben wir eine Bank aus?

Halt! Keine Fragen!

Und jetzt zum Hauptproblem, Nummer fünf, dem Spendenmarathon: Wir haben inzwischen 287 Sympathisanten, die den Marathon boykottieren wollen. 287!!! Hilfe! Und das ist erst der Anfang. Das macht die Sache einerseits richtig spektakulär und andererseits ziemlich unübersichtlich. Was auf keinen Fall passieren darf: Schulschwänzer könnten sich uns zum Schein anschließen und hinterher die ganze Sache in ein schlechtes Licht rücken. Das wollen wir nicht. Wir haben ja wirklich ein echtes Anliegen, wir wollen was ändern. Nur, wie können wir uns dagegen schützen? Wir können ja keine Listen führen und kontrollieren, ob die Leute wirklich gearbeitet und gespendet haben. Das steht uns nicht zu, wir sind keine Lehrer. Und selbst wenn wir herausfinden würden, dass jemand nur geschwänzt hätte – was sollten wir tun? Einen Brief an die Eltern schreiben, oder was?
Fazit: Wir müssen die Sache entweder abblasen oder besser organisieren. Nur wie?

23.55 Uhr Nein. Diese Liste ist definitiv nicht einschlaffördernd. Oh Gott, ist das ein Chaos. Ich hoffe sehr, dass wir da heil wieder rauskommen. Ob Tom mit diesen Problemen wohl besser schläft als ich? Wahrscheinlich ist er auch noch wach. Er wollte heute Abend die Mails beantworten, die an unsere neue Adresse gegangen sind. Das sind wahrscheinlich viele.

Betreff: Schulverweigerung
Datum: 29.06., 17.23 Uhr
Von: Dr. Herbert Makel <dr.makel@asg.de>
An: Arbeitsgruppe <marathonneindanke@gmail.com>

Lieber Schüler,

heute habe ich im Schulgebäude drei Plakate entdeckt und entfernt, die widerrechtlich dort angebracht waren. Auf den anonymen Aushängen war diese Mailadresse angegeben und deswegen wende ich mich auf diesem Weg an dich.

Ich kenne zwar deinen Namen, aber ich möchte ihn hier nicht benutzen, denn ich möchte dir die Gelegenheit geben, dich selbst zu stellen. Solltest du das tun, werde ich es berücksichtigen, wenn es um die Festlegung deiner Strafe geht. Denn tatsächlich hast du dich mit diesen Plakaten strafbar gemacht.

Du weißt vielleicht nicht, dass sämtliche Aushänge im Schulgebäude von der Schulleitung genehmigt werden müssen. Man erkennt solche offiziellen Aushänge an dem Schulstempel in der rechten unteren Ecke. Nicht genehmigte Plakate werden unverzüglich entfernt.

Du weißt vielleicht auch nicht, dass politische Plakate in unserem Land grundsätzlich einer gesetzlichen Impressumspflicht unterliegen, also mit Name und Wohnsitz des sogenannten »Verantwortlichen im Sinne des Pressegesetzes« gekennzeichnet werden müssen. Ein Verstoß gegen diese Impressumspflicht ist eine Ordnungswidrigkeit und kann mit einem Bußgeld geahndet werden.

Ganz sicher weißt du aber, dass alle Schüler in unserem Land der Schulpflicht unterliegen. Bei deinem Aufruf zur aktiven Schulverweigerung handelt es sich daher um einen rechtswidrigen Verstoß gegen das Schulrecht, und dies kann und werde ich nicht hinnehmen.

Ich rate dir daher dringend, dich umgehend bei mir zu melden. Gemeinsam mit deinen Eltern können wir dann über Sanktionen für dein Handeln sprechen.

Wenn du dich nicht gesprächsbereit zeigst, ist es meine pädagogische Pflicht, mit sämtlichen Mitteln gegen dich vorzugehen, die das Schulgesetz für solche Fälle vorsieht.

Mit besten Grüßen

Dr. Herbert Makel
Schulleiter

Donnerstag, 30. Juni

Aus Lilias Lexikon der Liebeswörter (LLL):
Zwei-igeln (Verb). Das Verhalten eines Menschen, der sich von seinen Artgenossen abgrenzen will, bezeichnet man im Volksmund als »Einigeln«. Das Wort ist vom Verhalten des Igels abgeleitet, der sich zur Kontaktabwehr zusammenrollt und seine Stacheln aufstellt. Wenn Menschen zu zweit allein sein wollen, spricht man analog dazu vom »Zweiigeln«. Um gegenseitige Verletzungen zu vermeiden, muss bei diesem Gemeinschaftsigeln der optimale Abstand gefunden werden, was Anfängern selten gelingt. Vgl. auch Dreiigeln, Vieligeln.

6.40 Uhr Uff. Von Zweiigeln kann leider keine Rede sein. Tom hat heute schlechte Laune. Habe ihn eben angerufen und wollte ihm einen guten Morgen wünschen, aber er knurrte nur, dieser Morgen sei nicht gut und er könne jetzt nicht reden, er müsse etwas recherchieren. Und dann sagte er noch irgendetwas von einer Mail vom Maki, alles Weitere später, tschüss und weg. Okay. Dann eben nicht. Ich dachte ja nur, es wäre nett, mal wieder mit IRGENDJEMANDEM zu sprechen, nachdem ich schon ein komplett schweigsames Frühstück hinter mich gebracht habe.

Paps ist nämlich bewundernswert konsequent. Er hat kein Wort zu mir gesagt. Flocke ist zum Frühstück nicht erschienen und die Rosine war mit der Situation komplett überfordert. Sie rutschte nervös auf ihrem Stuhl herum und ich wollte sie nicht in unseren Streit mit reinziehen, deswegen habe ich nichts gesagt und den beiden einfach nur zugehört.

Eigentlich war das mal eine ganz interessante Erfahrung. Man gerät in eine Art Beobachterrolle, wenn man am Sozialleben seiner Familie nicht mehr teilnimmt. Das ist ein bisschen so wie Auerochsen beobachten. Man sieht alles mit einer gewissen Distanz.

Mir ist dabei zum ersten Mal so richtig aufgefallen, wie hilflos Paps wirkt. Als Vater meine ich. Es ging mir fast ein bisschen ans Herz, wie er sich auf der Suche nach seinem eigenen Erziehungsweg ganz vorsichtig vorwärtstastete.

Beim Frühstück zog Rosalie plötzlich ihr Elternheft aus dem Schulranzen. Das ist so ein kleines Heftchen, in das die Lehrer Botschaften an die Eltern eintragen. Nicht jeden Tag, nur in Ausnahmefällen, und meistens dann, wenn etwas nicht gut läuft. Wenn etwas drinsteht, müssen die Kinder die Hefte zu Hause vorzeigen und die Eltern müssen dann eine Antwort hineinschreiben.

In Rosinchens Heft standen heute zwei Sätze: »Moritz hat Rosalie heute gewürgt. Im Gegenzug hat Rosalie Moritz ans Schienbein getreten.«

»Aha«, sagte Paps, als er das gelesen hatte. »Stimmt das?«
Rosalie schlug die Augen nieder und nickte.

»Und was soll ich jetzt tun?«, wollte Paps wissen.

»Du musst was drunterschreiben.« Die Rosine kaute am Nagel

ihres Zeigefingers. Sie hatte ganz offensichtlich kein ganz reines Gewissen.

»Und was?«, fragte Paps und blätterte in dem Heft, um zu sehen, wie Mama das bisher immer gehandhabt hatte.

»Na, was du halt dazu sagst.« Rosalie wurde so langsam ein bisschen zappelig.

»Ich habe AHA gesagt«, überlegte Paps.

Rosalie seufzte. »Dann schreib eben das.«

Paps zog seinen Kuli aus der Hemdtasche und schrieb tatsächlich »aha« unter den Satz der Lehrerin.

Ich sog zischend die Luft ein und Paps wirkte kurz so, als wollte er mich um Rat fragen, aber dann fiel ihm wieder ein, dass er ja im Moment gar nicht mit mir spricht.

»Aha ist vielleicht doch ein bisschen wenig«, fand jetzt aber auch Rosalie.

»Hmmm, was hättest du denn sonst in dieser Situation tun sollen?«, überlegte Paps laut.

»Weiß nicht.« Rosalie zuckte mit den Schultern.

»Na, dann fragen wir das doch einfach mal deine Lehrerin.« Paps ergänzte sein Aha noch durch den Satz: »Was hätte Rosalie denn sonst tun sollen?« Und darunter setzte er schwungvoll seine Unterschrift. Er schien ebenso erleichtert wie die Rosine, dass die Sache damit erledigt war.

Na, wenn sie das mal ist. Ich persönlich gehe nicht davon aus. Rosalies Lehrerin ist nämlich ziemlich humorlos und macht aus jeder Mücke gleich ein Mammut. Ein Elefant wäre ihr nicht groß genug. Mama diskutiert mit ihr schon lange nichts mehr. Ich hätte Paps das sagen können, aber er hat mich ja nicht gefragt. Tja, jetzt muss er da durch.

8.00 Uhr Felix hat Maiken gefragt, ob sie beim Abschlussball mit ihm tanzen will. Sie hat ja gesagt. Na also, geht doch!

8.40 Uhr Deutsch. Wir sollen uns aus dem Deutschbuch ein Gedicht aussuchen, das wir analysieren müssen. Wobei das eigentlich ein Widerspruch in sich ist. Gedichte zu analysieren, das ist ungefähr so, als wolle man Musik in Dosen füllen. Aber einen Vorteil hat die Sache. Wir machen das in Gruppenarbeit und können diese Zeit heimlich, still und leise nutzen, um über die Mail zu diskutieren, die Tom heute vom Maki bekommen hat. Er hat sie erst gestern Abend ganz spät gelesen und für uns ausgedruckt. Sie ist wirklich krass.

10.45 Uhr Juhuuu, eine Hohlstunde! So kurz vor den Sommerferien fällt immer schön viel aus. Das gibt mir Zeit, unser Gespräch aufzuschreiben. Wir waren anfangs ziemlich eingeschüchtert, der Maki fuhr ganz große Geschütze auf. Er drohte doch tatsächlich mit Bußgeld und Sanktionen.
»Sanktionen?«, fragte Fabi. »Das klingt ja voll heilig.«
»Wir werden nicht heiliggesprochen, du Pfosten!«, stöhnte Felix. »Sanktionen, das ist ein anderes Wort für Strafen.«
»Ach? Ja, so ergibt es mehr Sinn«, meinte Fabi gelassen. Er steht zu seinen Wissenslücken.
»Was machen wir denn jetzt?«, wollte Dana wissen.
»Na, was wohl!« Für mich war das ganz klar. »Ich melde mich freiwillig und sage, dass ich die Plakate verfasst habe.«
»Das tust du nicht!« Tom wurde richtig laut, aber als er merkte, dass unsere Deutschlehrerin auf uns aufmerksam wurde, senkte er schnell die Stimme. »Was soll das bringen? Es geht UNS

doch gar nicht darum, wer die Plakate geschrieben hat. Das ist ein Nebenschauplatz, auf dem der Maki sich da tummelt. Absichtlich tummelt! Er will nicht auf unser Anliegen eingehen, das sieht man an dieser Mail. Aber Fakt ist, dass ein großer Teil der Schüler den Spendenmarathon in dieser Form nicht will und nicht mitmachen wird. Und deswegen darf er so nicht stattfinden. Es wird höchste Zeit, dass an dieser Schule Gemeinschaftsaktionen auch wirklich was von allen für alle sind.«

»Okay«, gab Felix ihm recht. »Darum geht es uns. Aber das weiß Herr Makel ja nicht. Dass wir so viele sind, meine ich. Er denkt, dass da so eine Handvoll Chaoten aus der 10 b ihr eigenes Ding machen will und dass er das verhindern kann, wenn er Druck ausübt. Deswegen die Mail. Er will dich einschüchtern, er hält dich ja für den Kopf unserer kriminellen Vereinigung.«

»Stimmt«, sagte Tom. »Ich bin hier so was wie der Pate. Aber der Maki blufft. Das mit dem Bußgeld und den Sanktionen ist Quatsch.«

»Echt?« Für mich klang das ziemlich realistisch.

Tom lächelte mich aufmunternd an. »Ja.. Ich habe mich heute früh im Internet schlaugemacht. An allem, was Herr Makel schreibt, ist schon ein Körnchen Wahrheit dran. Aber er hat das ziemlich aufgebauscht. Man muss auf politischen Druckschriften eine Kontaktadresse angeben. Aber ob dein Plakat jetzt wirklich eine politische Druckschrift ist, scheint mir fraglich. Und selbst wenn: Die Gefängnisse in diesem Land sind nicht gerade überfüllt mit Leuten, die Plakate ohne Adresse aufgehängt haben. Und zum Thema Schulpflicht: Klar, wir müssen in die Schule, so steht es im Gesetz. Aber wenn 300 Schüler ein einziges Mal wegen einer guten Sache unentschuldigt fehlen, kann der Maki daraus wohl kein großes Ding machen. Er kann ja nicht gut 300 Eltern vorladen oder 300 Leute vom Unterricht ausschließen. Damit ruiniert er sich seinen Ruf.«

»Also kann uns nichts passieren?« Maiken wirkte erleichtert und mir ging es genauso. Wir konnten gerade beide zu Hause nicht noch mehr Stress gebrauchen. Ich habe genug Ärger mit Paps, und sie mit ihren Eltern, die gerade ihre Scheidung aushandeln.

»Nee, ganz so ist es dann doch nicht.« Tom lehnte sich vor, nahm einen Zettel und malte darauf zwei große Fragezeichen. »Wir haben zwei Probleme. Passt auf: Herr Makel kann nichts gegen uns unternehmen, solange er uns keine miesen Motive unterstellen kann. Wenn wir uns für eine gute Sache einsetzen und er uns bestraft, käme das ja sehr unpädagogisch rüber. Aber jetzt kommen die beiden Probleme. Erstens: Die Sache wächst uns gerade ein bisschen über den Kopf. Wir haben zu viele Fans und wir können nicht für alle die Hand ins Feuer legen. Wenn einige davon einfach nur die Schule schwänzen statt zu jobben und zu spenden, dann schadet das der gesamten Aktion. Wenn das rauskommt, hat der Maki alle Sympathien auf seiner Seite und dann wird er uns, speziell mich, genussvoll stellvertretend für alle anderen bestrafen.«

»Wie denn? Klingt nach Folter.« Fabi sah Tom besorgt an.

»Das lässt sich schwer vorhersehen. Vielleicht müssen wir nachsitzen. Oder das ganze Schulhaus putzen. Oder er droht mir mit Schulausschluss für ein paar Tage, wobei ich nicht glaube, dass er das durchsetzen kann.«

»Also, das überleben wir«, urteilte Felix. »Und das zweite Problem?«

»Ist eher so ein moralisches«, erklärte Tom. »Wir verhalten uns schon jetzt nicht ganz fair. Wie du eben schon gesagt hast, weiß Herr Makel nicht, dass sehr viele Schüler gegen den Spendenlauf sind. Wenn ihm aber keiner sagt, was Sache ist, hat er ja gar nicht die Chance, auf uns einzugehen und das Konzept zu ändern.«

»Wir haben es ihm doch gesagt und er hat das Gespräch abgewürgt.« Maiken verschränkte empört die Arme vor der Brust. »Das war zwischen Tür und Angel und er wusste nicht, dass wir damit die Meinung von vielen wiedergegeben haben.«

»Oha«, murmelte Fabi. »Wir sollen also noch mal mit ihm reden? Na, wenn er uns dann foltert, dann werden wir vielleicht doch noch heiliggesprochen.«

»Hmmm«, überlegte Dana. »Ich glaube zwar nicht, dass er einlenkt, aber wir sollten wohl wirklich Diskussionsbereitschaft signalisieren. Das kommt immer gut.«

»Wie soll er denn deiner Meinung nach das Konzept ändern?«, wollte Maiken wissen. Sie nahm Tom den Stift aus der Hand und malte hinter die beiden Fragezeichen ein drittes.

»Na, ist doch klar.« Erst jetzt fiel mir auf, dass Tom ziemlich blass war und dunkle Ringe unter den Augen hatte. Klar, er hatte die Maki-Mail am späten Abend entdeckt und heute Vormittag hatte er schon für alles eine Lösung parat. Bestimmt hatte er die halbe Nacht recherchiert und gegrübelt. Und jetzt präsentierte er uns das Ergebnis. »Die Minimallösung wäre: Es bleibt beim Spendenlauf, aber wir spenden das Geld mit dem Einverständnis von Herrn Makel an einen wirklich guten Zweck. Und dann reparieren wir die Tische in der Cafeteria selbst. Das wäre ein Kompromiss. Und die Optimallösung: Der Lauf fällt aus, die ganze Schule organisiert stattdessen eine sinnvolle Aktion, bei der wir mit richtiger Arbeit Geld verdienen. Und das wird dann gespendet. Wir könnten zum Beispiel überall in der Stadt Müll sammeln oder draußen mitten in der Natur ein Biotop pflegen oder irgendetwas herstellen, basteln, backen oder so, und es dann verkaufen. Oder wie wäre ein Bücherflohmarkt?«

»Boah, das willst du bis Montag stemmen?« Fabi war beeindruckt.

»Okay, für dieses Jahr ist es wohl zu spät, das muss man lange vorher organisieren. Aber fürs nächste Jahr könnte der Maki das doch jetzt schon mal ankündigen.«

»Du meinst …«, überlegte Felix laut, aber Tom unterbrach ihn. »Ich meine: Es wäre für alle besser, wenn es nicht zum offenen Konflikt mit dem Maki käme. Wir sollten gemeinsam eine Lösung finden. Das wäre für uns besser, aber auch für den Maki und für die ganze Schule.«

»Klingt gut.« Felix nahm Maiken den Stift aus der Hand, streifte dabei ein bisschen ihre Hand und malte ein Ausrufungszeichen hinter die Fragezeichen. »Nur – wie kommen wir mit Herrn Makel ins Gespräch? Der bügelt uns doch wieder unter, wenn wir einfach so zu ihm ins Rektorat marschieren.«

»Wisst ihr was? Ich schreibe ihm einfach eine Mail. Dann kann er sich unsere Argumente in Ruhe durchlesen«, schlug ich vor.

»Und dann soll er uns für morgen einen Gesprächstermin geben. Er ist dann vorbereitet und das ist besser, als wenn wir ihn überraschen und ihm die Pistole auf die Brust setzen. Da schaltet er doch nur auf stur.«

»Okay«, nickte Maiken. »Und was machen wir mit unseren Facebook-Fans? Die warten doch auf Infos wegen Montag.«

»Wir sagen ihnen einfach, wie es ist«, mischte Vicky sich vom Nebentisch aus in die Diskussion ein. »Ich übernehme das. Ich schreibe, dass wir ein Gespräch mit dem Maki planen. Und dass sie mit den Vorbereitungen auf den Boykott noch warten sollen.«

»Super!«, sagte Maiken und klatschte in die Hände. »Dann machen wir das so.«

Das hätte sie mal besser gelassen.

»Ihr seid fertig?«, fragte Frau Güntsch, die plötzlich an unserem Tisch stand. »Dann lasst mal hören: Für welchen Dichter habt ihr euch entschieden, Maiken?«

»Ähm, ich glaube, ja, also, Rilke.« Maiken stotterte. Frau Güntsch hatte sie eiskalt erwischt.

»Ah, schön. Und welches Gedicht?« Ich hätte Maiken gerne da rausgehauen, aber ich kannte kein Gedicht von Rilke.

»Ein weißes Schloss in weißer Einsamkeit«, sagte Maiken.

»Das steht nicht im Buch, oder?« Frau Güntsch nahm sich Toms Exemplar und schlug das Register auf.

»Nein«, sagte Maiken. »Das steht da nicht drin. Das können wir auswendig.«

»Oh, wirklich? Ihr alle? Na, dann lasst mal hören.«

Wir wurden ganz still. Da hatte Maiken uns was eingebrockt! Aber sie ließ sich keine Unsicherheit anmerken.

»Ein weißes Schloss in weißer Einsamkeit«, sagte sie leise. »In blanken Sälen schleichen leise Schauer. Todkrank krallt das Gerank sich an die Mauer, und alle Wege weltwärts sind verschneit.« Bei den letzten Worten kam sie ins Stocken und überlegte.

Und dann war da plötzlich Felix. »Darüber hängt der Himmel brach und breit. Es blinkt das Schloss. Und längs den weißen

Wänden hilft sich die Sehnsucht fort mit irren Händen. Die Uhren stehn im Schloss: Es starb die Zeit.«

Als er geendet hatte, waren wir alle still. Aus den unterschiedlichsten Gründen. Frau Güntsch wirkte beeindruckt. Maiken und Felix sahen aus, als hätte man sie bei etwas ertappt. Und wir anderen überlegten, was das denn jetzt gewesen war. Aber wir wagten es nicht, Maiken oder Felix danach zu fragen.

»Sehr schön«, sagte Frau Güntsch nach einer langen Pause. »Na, dann macht euch mal an die Interpretation.« Sie hob die Stimme und trötete in die Klasse. »Hausaufgabe!!! Ihr habt jetzt gemeinsam die Gedichte eurer Wahl analysiert. Zu Hause schreibt jeder eine kurze Gedichtinterpretation.«

»Ja, toll«, sagte ich zu Maiken. »Ich habe kein Wort verstanden. Wovon handelt dieses Gedicht?«

»Ich schätze, Rilke war in einer Reha-Klinik, als er das geschrieben hat.« Felix lächelte Maiken verlegen an, dann erhob er sich mühsam und humpelte aus dem Klassenzimmer. Und Maiken sprang auf und folgte ihm.

14.15 Uhr Bin bei Dana. Sie macht gerade Englisch-Hausaufgaben, ich bin schon fertig. Gleich wollen wir ihren Kleiderschrank nach Ballkleidern durchwühlen, bestimmt hat sie auch was für mich in ihrem Schrank, dann habe ich ein Problem weniger. Und um vier gehe ich dann mit ihr wie versprochen ichweißnichtwohin und stelle keine Fragen. Das ist der Plan. Danas Geheimnis hat zu einem kleinen Streit zwischen Tom und mir geführt, aber das weiß Dana nicht, sie war ja nicht dabei. Es ist nämlich passiert, als Tom und ich nach der sechsten Stunde zu zweit allein vor der Schule standen. Ich habe ihn

nach Felix, Maiken und dem Gedicht gefragt. Und was sagt er? »Du, ich glaube, das ist was Privates.«
Grrr. Schon wieder! Ich hasse diesen Satz! Ich fletsche die Zähne und gehe in Sprungposition, wenn ich ihn nur höre. Es ist ja echt nicht so, dass ich alles wissen muss. Und was zwischen Maiken und Felix läuft, wird Maiken mir bestimmt erzählen, wenn sie es für richtig hält. Aber dieser Satz, der nervt. Er klingt so harmlos, aber er sagt indirekt: Ich weiß was, aber DIR kann ich es leider nicht sagen, denn dich geht das nichts an. Tom könnte das doch ein bisschen freundlicher formulieren, er könnte zum Beispiel einfach sagen: Du, Felix hat mir da was erzählt, aber mich darum gebeten, es für mich zu behalten. Ich erzähle es dir später, wenn er mir grünes Licht gibt. Aber das sagt Tom nicht. Immer ist es »WAS PRIVATES«.
Ich war also ein bisschen gereizt, als Tom mich fragte, was ich nachmittags vorhätte.

»Bin mit Dana unterwegs«, antwortete ich, für meine Verhältnisse eher wortkarg.
Klar, dass er da nachhakte. »Wo geht ihr denn hin?«
Ich glaube, er wollte nur checken, ob wir uns treffen konnten. Aber das ging ja nicht. Wegen Dana.
»Du, sorry, das ist was Privates«, sagte ich daher. Stimmte ja auch.
Und Tom? Der war beleidigt! »Was für eine billige Retourkutsche«, knurrte er und ließ mich stehen.
Ja, er ging einfach weg. Mitten im Gespräch. Und ausgerechnet in diesem Moment lief auch noch Jakob an uns vorbei. »Na? Erste Ehekrise?«, fragte er und grinste. Tom rempelte ihn im Vorbeigehen so heftig an, dass er gegen die Wand flog.

15.30 Uhr Jetzt duscht Dana, denn gleich müssen wir los. Das gibt mir Zeit, das Kleid zu beschreiben, das ich mir von ihr ausleihen darf.

Dana hat wirklich viele schöne Kleider. Wenn ihre Eltern in Deutschland sind, besuchen sie mit ihrer Tochter oft diplomatische Empfänge und da trägt Dana dann richtig edle Cocktailkleider. Wir hatten also reichlich Auswahl und die Entscheidung war leicht.

»Erst du«, forderte ich sie auf, als wir vor ihrem Schrank standen. Schließlich waren es ihre Sachen.

»Hmmm, was ist denn Florians Lieblingsfarbe?«, fragte sie.

»Das weißt du nicht? Blau.«

»Wie findest du das?« Sie hielt ein nachtblaues, trägerloses Kleid vor sich, ganz schlicht und zauberhaft schön.

»Zieh mal an.«

Eine halbe Stunde später hatten wir uns entschieden. Dana für das blaue Kleid mit silbernen Schuhen und Silberschmuck, ich für ein süßes, weinrotes Trägerkleid, das eine tolle Figur macht. Dazu kann ich meine schwarzen Ballerinas anziehen, das ist perfekt, denn mit denen kann ich trotz des immer noch schmerzenden Knöchels tanzen.

»Unser erster richtiger Ball«, sagte Dana, als wir Arm in Arm vorm Spiegel standen, sie in Blau, ich in Rot, und unseren Spiegelbildern zulächelten.

»Oh, freu dich mal nicht zu früh«, meinte ich. »Erste Male werden komplett überschätzt.« Ich rümpfte die Nase.

»Buuuh, das klingt aber freudlos. Das hätte von meiner alten Tante kommen können.«

»Ich spreche aus Erfahrung«, sagte ich würdevoll und noch

tantenhafter. »Machst du mir mal bitte den Reißverschluss auf?« Ich drehte ihr meinen Rücken zu.

»Willst du drüber reden?«, fragte Dana. Im Spiegel konnte ich sehen, dass sie grinste.

»Hmmm. Lass mal überlegen. Da war mein erster Wackelzahn, auf den ich sehr stolz war. Er hat sich entzündet und musste vom Zahnarzt gezogen werden. Und in der Praxis ist er dann auch noch runtergefallen und ich habe ihn nicht wiedergefunden. Ich hatte also nicht mal eine Trophäe. Ja, und an meinem ersten Schultag bin ich beim Verlassen des Hauses mit der Schultüte an der Haustür hängen geblieben und sie ist zerrissen. Ich war in meiner Klasse das einzige Kind, das mit einer leeren, geklebten Schultüte eingeschult wurde. Die ganze Zeit hatte ich Panik, weil ich dachte, ich würde rausfliegen, wenn das jemand merkt.«

»Oooh!« Dana heuchelte Mitleid. Ihre Stimme klang etwas undeutlich, denn sie steckte gerade mit dem Kopf in ihrem Kleid, irgendwie hatte sie sich dort verhakt. Zur Rache half ich ihr nicht raus. Sollte sie doch da drinnen grinsen!

»Das war noch nicht alles. Weiter mit den verpatzten ersten Malen. Meine erste Fahrradtour endete an der Kühlerhaube des nagelneuen Autos unserer Nachbarn. Und kurz vor meinem ersten Kuss hat meine Mutter im Garten eine Falle aufgebaut, in der Nacktschnecken mit Bier angelockt wurden. Als Paul Adebar mich dann eines Abends endlich, endlich küsste, hatte er vorher Bier getrunken und seine Zunge erinnerte mich plötzlich an die Nacktschnecken in der Falle. Mir wurde schlecht.«

»Ääääh, hör auf«, ächzte Dana.

»Ja, ja, ja, ich wollte ja nur sagen, dass ich an meinen ersten Ball nicht mit überhöhten Erwartungen herangehe. Der per-

145

fekte Moment, wie man ihn aus Filmen kennt, ist doch leider eher selten. Im Film wird spätestens beim Abschlussball aus jedem hässlichen Entlein ein bezaubernder Schwan. Die Heldin schwebt dann am Arm des bestaussehenden Jungen in den Ballsaal und alle drehen sich nach ihr um, aber sie sieht nur ihn. Dann spielen Geigen und plötzlich versinkt alles um sie herum, der Ballsaal, die Menschen, die Lichter, da ist dann nur noch ein Sternenhimmel über ihnen und leise Musik. Und sie küssen sich und dann kommt der Abspann.«

»Schööön!« Dana seufzte hingerissen.

»Träum ruhig weiter«, sagte ich. »Aber das Erwachen wird hart. Anderes Beispiel: erster Sex. Da denkt man an Kerzenlicht, seidene Kissen und sanfte Musik, an Küsse und tiefe Blicke und süße Verschmelzung. Aber wenn's dann in echt so weit ist, fragt man sich bestimmt dauernd Sachen wie: Bin ich schön genug? Habe ich an den falschen Stellen Körperhaare? Sind meine Eltern auch wirklich weg oder kommen sie früher zurück und platzen hier rein? Und hoffentlich klappt es mit der Verhütung. Wie romantisch!«

»Wo wir gerade beim Thema sind …«, sagte Dana.

17.00 Uhr Ich fasse es nicht! Ich sitze im Wartezimmer einer Frauenärztin. Ich!!! Und ich weiß nicht, wie ich gucken soll. Irgendwie habe ich das Gefühl, dass mich alle anstarren und darüber nachdenken, ob ich schon Sex hatte.

Ich versuche, so auszusehen wie jemand, der nur zur Begleitung hier ist. Am liebsten würde ich mir ein Schild umhängen, auf dem das steht. Aber damit würde ich ja nur erreichen, dass die Leute noch mehr über mein Sexleben nachdenken. Sie wüssten dann, wie unerfahren ich bin. Also versuche ich vielleicht doch lieber, so auszusehen wie jemand, der schon oft hier war.

Hmmm. Hier ist kein Spiegel, aber allein so vom Gefühl her befürchte ich, dass sich diese beiden Gesichtsausdrücke nicht wirklich unterscheiden. Vermutlich sehe ich in Wahrheit schon die ganze Zeit so aus, als wollte ich überhaupt nicht hier sein. Was ja auch stimmt.

Immer wenn die Tür aufgeht und eine neue Patientin herein-kommt, halte ich mir mein Tagebuch vors Gesicht, weil ich panische Angst habe, dass es jemand sein könnte, der mich kennt. Vielleicht wieder eine Nachbarin meiner Eltern, die nachher meinen Vater fragt, was denn das Töchterchen bei der Frauenärztin wollte. Oh Gott, wenn das passiert, bekommt Paps garantiert einen Herzinfarkt.

Dabei sollte er eigentlich froh und dankbar sein, dass ich hier bin. Ohne mich hätte Dana sich nie in die Praxis getraut. Und dann wäre er vielleicht schon bald OPA.

Dana will sich nämlich die Pille verschreiben lassen. Ich habe natürlich keine Fragen gestellt, aber das war auch gar nicht nötig. Ist ja klar, was sie plant.

Boah, überall Babys. An dem Thema kommt man hier echt nicht vorbei. An allen Wänden hängen Fotos von dicken und dünnen, schwarzhaarigen oder glatzköpfigen, lächelnden oder sabbernden Babys. Und alles hier ist rosa und hellblau, die Garderobe, die Stühle, die Bilder an der Wand, die Broschüren auf dem Fensterbrett. Am Fenster hängt ein Mobile mit lauter Störchen. Unangenehm. Das Babythema hatte ich bisher noch nicht so auf dem Zettel.

17.30 Uhr Jetzt ist Dana dran. Sie wurde eben aufgerufen und ging mit staksigen Schritten zur Tür. Ich bin hiergeblieben, denn Dana wollte es so. Den Rest will sie allein schaffen.

Vor ihr war ein blondes Mädchen in unserem Alter dran. Sie war mit ihrer Mutter da und die ist mit ihr reingegangen. Ich frage mich, ob ich lieber mit einer Freundin oder mit meiner Mutter zum ersten Mal zur Frauenärztin gehen würde. Beides hat Vor- und Nachteile. Mit einer Mutter an der Seite bekommt der Besuch so was Hochoffizielles. Und man hat jemanden, der sich mit Papierkram und Krankenversicherung und so auskennt. Aber eine Mutter stellt vielleicht auch Fragen, die man mit Müttern nicht so gern diskutieren will.

Ein Mädchen, etwas älter als wir, ist sogar mit ihrem Freund da. Er sitzt vornübergebeugt, die Arme auf die Oberschenkel gestützt, sieht niemanden an und wippt mit der rechten Fußspitze. Er ist total nervös und ihr geht es auch nicht anders. Sie zieht dauernd ihr Handy aus der Tasche und sieht nach, wie spät es ist. Beide fühlen sich sichtlich unwohl, aber sie stehen das zusammen durch. Ich finde das ein bisschen schön und gleichzeitig ein bisschen schrecklich. Einerseits geht das Thema Verhütung ja wirklich beide was an. Andererseits, wenn ich mir Tom in diesem Wartezimmer vorstelle, also nee, echt nicht, das ist mir eine Schuhnummer zu groß. Oder drei Nummern. Vielleicht ist ein Frauenarztbesuch doch auch was Privates. Andererseits ist Sex das ja eigentlich auch. Blöde Gedanken.

Mensch, Dana, was machst du so lange da drin? ICH WILL HIER RAUS!!!

21.00 Uhr Wieder zu Hause. Immer noch Funkstille zwischen Paps und mir. Dafür richtig Funken zwischen mir und Florian. »Wo warst du?«, hat er mich eben gefragt, als ich nach Hause kam. Er stand mit verschränkten Armen in meiner Zimmertür und hatte einen Tonfall drauf, also nee, echt nicht, ich brauche nicht noch einen Erzieher!

»Bei Dana«, sagte ich kurz. Dann ging ich zu meinem Schrank, holte meine Jogginghose raus und warf die Schranktür mit Schwung zu. Ich drückte mich an Flocke vorbei durch die Tür, ich wollte nämlich duschen, wollte diesen Nachmittag abwaschen. Aber Flocke ließ mich nicht durch.

»Lüg doch nicht. Ich bin bei Dana vorbeigefahren und ihre Tante sagte, sie sei bei dir.«

»Ich lüge nicht! Ich lüge nie. Ich war über Mittag definitiv bei Dana. Nachmittags waren wir unterwegs, aber eben habe ich sie noch nach Hause begleitet. Und jetzt geh mir mal aus dem Weg.«

Flocke blieb, wo er war. »Und wo wart ihr heute Nachmittag?«

»Willst du wissen, wo ICH war? Das geht dich gar nichts an. Du bist nicht mein Erzieher.« Ich zwängte mich an ihm vorbei. »Oder willst du eigentlich nur wissen, wo Dana war? Dann frag sie doch einfach selbst.«

»Lilia! Du …«

»FRAG DANA!« Ich riss die Badezimmertür auf. Mir reichte dieser Tag jetzt so langsam. »Frag sie doch einfach mal irgendwas! Bist du eigentlich schon mal auf die Idee gekommen, dass man mit ihr reden kann?«

»Was soll denn das jetzt bitte heißen?«

Ich hielt inne, schloss die Tür wieder und drehte mich zu ihm um. »Pass mal auf, ich stelle dir jetzt drei Fragen. Mal sehen, ob du sie beantworten kannst.«

»Spinnst du jetzt? Sind wir hier im Märchen, oder was?«

»Frage eins!«, sagte ich unerbittlich. »Nenne mir Danas Lieblingsfarbe?«

»Blau.«

»Falsch. Rot. Frage zwei: Zähl mal drei Dinge auf, die Dana so richtig gern mag.«

»Bananenmuffins.«

»Okay. Noch zwei.«

»Mich.«

»Pffff. Na gut. Noch eine?«

»Ach, leck mich!«

»Weiße Gummibärchen. Regen. Mohnblumen. Den Film *Elizabethtown*. Waschbären. Barfuß laufen.«

»Ja, ja, ja«, brummte Florian.

»Und jetzt Frage drei: Zu wem hat Dana eine bessere Beziehung, zu ihrem Vater oder zu ihrer Mutter oder zu ihrer Tante?«

»Ey, lassen wir das jetzt!«

»Flocke, ihr habt eure Münder doch nicht nur zum Knutschen. Rede doch mal mit Dana. Vielleicht sagt sie dir dann, wo wir waren.«

Er sah aus wie ein Schaf im Gewitterregen und plötzlich tat er mir leid. Eigentlich war das nicht gerecht gewesen. Zu einer Beziehung gehören schließlich zwei. Auch Dana könnte mehr mit Flocke reden. Auch sie hat nicht gewusst, was seine Lieblingsfarbe ist. Sie hat erst neulich gesagt, sie würde sich jemanden wünschen, mit dem sie mal über alles sprechen könnte.

Warum nimmt sie dafür nicht ihren Freund? Andererseits: Ich sage meinem ja auch nicht alles, was ich so denke.

Und dann hatte ich eine Idee. Ich ging zurück zu Flocke, schob ihn in mein Zimmer und schloss die Tür.

»Hey«, sagte ich. »Komm mal wieder runter. Das war ein Mädchennachmittag, sonst nichts. Dana würde dich niemals betrügen, das weißt du doch. Du kannst ihr vertrauen.«

»Okay.« Er nickte und sah ziemlich zerknirscht aus.

»Du, Flocke, ich brauch auch jemandem, dem ich vertrauen kann. Genauer gesagt, ich brauche wen, der mich am Montag bei einem Termin begleitet und keine Fragen stellt. Kannst du das für mich tun?«

»Klar. Wohin willst du denn?«

»Keine Fragen!«

»Isses was mit dem Spendenlauf?«

»Menno, Flocke!!!«

21.30 Uhr Jep. Ich habe mir in der Praxis einen Termin geben lassen, einfach mal vorsorglich. Als Dana mir erzählt hatte, wie nett die Ärztin war und dass sie sich überhaupt nicht ausziehen musste, sondern nur reden, da bin ich noch mal umgekehrt und habe mich auch angemeldet. Besser zu früh als zu spät. Eigentlich wollte ich allein hingehen, ich kenn ja jetzt die Praxis und so. Aber ich glaube, dass es Flocke ganz guttut, mal in diesem Wartezimmer zu sitzen und die Babyfotos und Störche anzustarren. Manchmal muss man als Schwester zu ungewöhnlichen Methoden greifen, um den eigenen Bruder auf das wahre Leben vorzubereiten.

22.00 Uhr So, jetzt reicht's mir aber für heute. Ich schreibe jetzt noch die Maki-Mail und dann war's das. Ist ja schon wieder viel später geworden als geplant ...

Betreff: Re: Schulverweigerung
Datum: 30.06., 22:23 Uhr
Von: Arbeitsgruppe <marathonneindanke@gmail.com>
An: Dr. Herbert Makel <dr.makel@asg.de>

Sehr geehrter Herr Dr. Makel,

Sie haben Ihre Mail an einen Schüler geschrieben, aber tatsächlich bin ich eine Schülerin. Mein Name ist Lilia Kirsch. Ich wusste nicht, dass ich meinen Namen auf das Plakat hätte schreiben müssen. Und ich wusste auch nicht, dass ich einen Stempel brauche, wenn ich in der Schule Plakate aufhängen will. Jetzt weiß ich es und es wird nicht wieder vorkommen.

Ich glaube aber, dass auch Sie etwas nicht wissen: Sehr viele Schüler unserer Schule halten den Spendenmarathon in seiner jetzigen Form nicht für sinnvoll. Mindestens 300 Schülerinnen und Schüler und damit ein Viertel der Schule wünschen sich Änderungen. Wir, eine Gruppe von Schülerinnen und Schülern aus der 10 b, würden deswegen gern morgen mit Ihnen sprechen. Bestimmt können wir eine Lösung finden und den Spendenlauf mit ein paar Änderungen zu einem Schulereignis machen, hinter dem alle stehen und an dem sich alle gern beteiligen.

Bitte teilen Sie uns einen Termin mit, an dem wir zu Ihnen ins Rektorat kommen können.

Mit freundlichen Grüßen
Lilia Kirsch, 10 b

Betreff: Re: Gruß aus der Ferne

Datum: 30.06., 23.23 Uhr

Von: Iris Kirsch <iris.kirsch@gmail.com>

An: Oliver Kirsch <oliver.kirsch@web.de>

Lieber Oliver,

ich vermisse euch auch alle schrecklich! Und ich weiß, dass du alles im Griff hast.

Bunte Unterwäsche wäscht man bei 60 Grad. Am Dienstag hat Rosalie um 17 Uhr einen Termin beim Zahnarzt (Hauptstr. 34). Außerdem solltest du dringend Heizöl bestellen, sonst müsst ihr bald kalt duschen. Ich wollte dir das noch sagen, habe es aber vergessen.

Du hattest mich nach Erziehungstipps gefragt. Tja. Mütter sind da nicht automatisch klüger als Väter. Du bist jetzt näher dran und weißt bestimmt besser, was gut und richtig ist. Trotzdem will ich dich mit deinen Sorgen natürlich nicht allein lassen. So wie ich die Kinder kenne, würde ich dir Folgendes raten:

Lilia: Loslassen! Die findet ihren Weg. Ich würde gar nicht viel mit ihr diskutieren, sondern sie einfach mal machen lassen.

Rosalie: Festhalten! Sie ist doch noch sehr klein. Die braucht ihren Vater! Vielleicht kaufst du ihr noch ein paar Fische? Das Aquarium ist doch euer gemeinsames Hobby!

Florian: In den Hintern treten! Was ist mit dem Job? Mit Australien? Mit einem Studienplatz?

Tiger, ich liebe dich!

1000 Küsse

Iris

P.S.: Wusstest du, wie Brad Pitt von seiner Frau genannt wird? Miffy!!! Da hast du es doch besser erwischt.
Ich aber auch: Der Ehegemahl der Queen nennt seine Frau Sausage, also Würstchen.

P.P.S.: Wunderst du dich, warum ich mitten in der Nacht schreibe? Wir sind in einer Dorfkneipe und hier gibt es WLAN!

Freitag, 1. Juli

Aus Lilias Lexikon der Liebeswörter (LLL):
Krö-ti-sie-ren (Verb). Wer seinen Partner krötisiert, der
nörgelt so lange ohne Angabe von Gründen an ihm herum, bis
der andere sich wie eine miese, eklige Kröte fühlt. Meistens
kommt es danach zum Streit und darauf folgt für beide Part-
ner eine quälende Phase der Selbstkrötik. Vergleiche dazu auch
die nahe verwandten Verben ⇨ froschen, ⇨ unken, ⇨ molchen
und ⇨ lurchen.

6.05 Uhr Autsch. Ich schäme mich, dass ich so zickig zu Tom
war. Klar, er hätte das netter formulieren können. Was Privates, das geht echt nicht. Ich hätte aber auch netter sein können.
Habe ihm eben eine Nachricht geschickt und gefragt, ob wir
uns vor der Schule treffen können. Sofort kam die Antwort:
»Ja!!!«
Schnell frühstücken …

6.30 Uhr Beim Frühstück saß Paps schon wieder über Rosalies
Elternheft gebeugt.
»Und? Was hat sie geschrieben?«, wollte die Rosine wissen. Sie
kann noch keine Schreibschrift entziffern.

»Also«, begann Paps und setzte seine Lesebrille auf. »Ich hatte gefragt, welches Verhalten richtig ist, wenn Moritz würgend an deinem Hals hängt. Und jetzt schreibt deine Lehrerin: ›Rosalie hätte sich an mich oder an eine andere Lehrperson wenden sollen.‹«

»Wie denn?«, wollte die Rosine wissen. Auf ihrem Auge klebte ein Pflaster mit einem Schlumpf. »Wie soll ich mit ihm am Hals zum Lehrerzimmer laufen?«

»Soll ich sie das fragen?«, fragte Paps und schob die Brille ein bisschen weiter nach oben, denn sie hatte schon fast seine Nasenspitze erreicht. »Soll ich einfach schreiben: Wie denn, wenn jemand an ihrem Hals hängt?«

»Mach doch«, meinte Florian. »Ist doch witzig.«

»Nein«, sagte Rosalie. »Schreib das nicht! Jetzt will ich darüber nicht mehr reden.« Das klang endgültig.

»Aber was machst du, wenn Moritz dich noch einmal würgt? Treten darfst du ihn ja nicht.« Paps ließ nicht locker.

»Dann haue ich ihm eben eine rein«, sagte die Rosine und biss in ihr Marmeladenbrot.

Paps dachte kurz nach, dann schüttelte er den Kopf. »Nein, Rosalie, das ist keine Lösung.« Und er schrieb doch tatsächlich seine Frage in das Elternheft. Unheil, nimm deinen Lauf!

7.30 Uhr Reli. Wow! Herr Schütz hatte eine tolle Idee. Wir dürfen heute ein Spiel basteln, und zwar aus einem Monopolybrett, das er für jeden von uns auf ein großes Blatt Papier kopiert hat. Es soll dabei aber nicht um Straßen, Häuser und Hotels gehen, sondern um Tugenden und Werte. Und man soll nicht mit Geld bezahlen, wir sollen uns eine andere Währung ausdenken. Cool. Endlich mal wieder malen, ausschneiden und kleben. Reli ist ein schönes Fach!

8.25 Uhr Fertig. Ich habe mein Spiel Duopoly genannt und es geht darin um menschliche Beziehungen, also Familie, Freunde, Liebe und so. Die Spielfelder heißen zum Beispiel »erstes Date« oder »Abschlussball« oder »Mittagessen mit der Family«. Bezahlt wird mit Knuddelpunkten. Auf manchen Feldern kriegt man welche, auf anderen muss man welche abgeben. Aus dem Gefängnis mache ich Hausarrest. Und wer über Los kommt, hat Geburtstag und kann dabei seine Knuddelreserven wieder aufladen. Wenn man richtig Pech hat, kommt man auf ein Ereignisfeld. Und da gibt es Karten wie: »Du hattest einen schlimmen Streit mit deinem Freund. Rücke vor bis zum Solo-Feld. Gehe nicht über Los, ziehe keine neuen Knuddelpunkte ein.«

8.36 Uhr Tja, dieses Ereignisfeld ist leider voll aus dem Leben gegriffen. Mein Knuddelkonto ist leer. Ach, Tom, was läuft bei uns nur immer schief?

Erst war alles gut. Ich bin Tom heute früh entgegengelaufen und habe ihn vorn an der Ecke getroffen. Weil ich in der kühlen Morgenluft fröstelte, bin ich einfach mit in seine Jacke geschlüpft. Er hat gelächelt und sie ganz fest um mich herumgezogen. Dann haben wir uns geküsst.

Aber dann hörte Tom irgendwann auf zu küssen und fragte mich, ob ich gestern die Mail an den Maki geschrieben hätte. Klar hatte ich.

»Wir sollten nachher in der Pause mal checken, ob er schon geantwortet hat«, meinte Tom.

»Na, er wird mich wohl eher persönlich darauf ansprechen. Er geht ja vermutlich davon aus, dass wir in der Schule sein Handyverbot beherzigen und keine Mails lesen.«

Ich hätte ihn jetzt gern weitergeküsst. Aber erst mal war Schluss mit Kuss.

»Nee, oder?« Tom packte mich an den Schultern und sah mich prüfend an, so als wolle er herausfinden, ob ich Witze machte. »Lil! Bitte sag mir, dass du nicht deinen Namen unter diese Mail geschrieben hast!«

»Welchen denn sonst?«

Tja, und das war der Beginn eines ganz ekligen Streits.

Natürlich habe ich mit meinem Namen unterschrieben. Ich war das doch mit dem Plakat und ich habe schließlich auch diese Mail verfasst. Warum also nicht? Ich bin doch auch in der ersten Auseinandersetzung mit Herrn Makel aufgestanden und habe meinen Namen genannt, genau wie Tom und die anderen. Wir tun doch nichts Illegales.

Aber Tom sah das anders. Er sagte, jetzt würde ich wegen einer Sache, die er angezettelt hätte, Ärger bekommen, und das wolle er nicht. Ich hätte seiner Meinung nach einfach mit »Arbeitsgruppe Schulmarathon« unterschreiben sollen.

Wenn Tom das freundlich gesagt hätte, dann hätte ich es sogar süß von ihm gefunden, dass er mich nicht in Schwierigkeiten bringen wollte. Aber sein Tonfall war richtig ätzend, unfreundlich und kalt. Deswegen wurde ich immer wütender. Und irgendwann ist mir dann ein Satz rausgerutscht, den ich nicht hätte sagen sollen: »Spiel hier doch nicht den Ritter, Tom Barker. Ich kann gut selbst auf mich aufpassen.«

Da war Tom gekränkt. Richtig tief gekränkt. Er hat nichts

mehr gesagt, ich auch nicht, wir sind zur Schule gegangen und hier sitzen wir nun und versuchen, uns möglichst nicht anzusehen und nicht miteinander zu sprechen.

11.00 Uhr Tom hat auch nichts gesagt, als Herr Makel eben in unser Klassenzimmer kam. Er hat geschwiegen, als unser Schulleiter mir vor allen anderen mitteilte, es stünde mir nicht zu, über Sinn und Unsinn einer schulischen Veranstaltung zu entscheiden. Und er hat nicht mit der Wimper gezuckt, als der Maki sagte, dass es für mich weitreichende Konsequenzen haben würde, wenn ich oder sonst irgendjemand an dieser Schule am Montag eine Protestaktion starten und den Marathon boykottieren würde. Und einen Gesprächstermin bräuchten wir nicht. Er hätte uns nichts zu sagen.

11.05 Uhr Das war keine angenehme Situation. Ich habe mich in diesem Moment sehr weit weg gewünscht. Was ist eigentlich genau auf der anderen Seite der Welt, an dem Punkt, der am weitesten von hier entfernt ist? Ich habe eben Fabi gefragt, der manchmal die seltsamsten Sachen weiß. Wasser, hat er gesagt. Wenn du dich von hier aus durch den Mittelpunkt der Welt buddelst, dann landest du irgendwo neben Neuseeland mitten im Meer. Ein schöner Gedanke. Da will ich hin.

11.07 Uhr Jetzt reden schon drei Leute nicht mehr mit mir. Paps. Der Maki. Tom.

12.00 Uhr Der Auftritt von Herrn Makel hat sich herumgesprochen. Dass sein Angriff gegen mich ging, ist dabei komplett untergegangen. Tom ist jetzt der Star unserer Schule. Alle wollen mit ihm reden, rufen ihm Durchhalteparolen zu, klopfen ihm auf die Schulter.

Selbst die Elftklässler tauchten in unserem Klassenzimmer auf. »Das hast du aber gefickt eingeschädelt«, trötete Simon und klopfte Tom auf die Schulter. »Endlich bekommt der Maki mal Gegenwind.«

»Im Moment kriegen ja wohl eher wir Gegenwind«, meinte ich.

»Klar«, gab Simon zu. »Wie man sich bettet, so schallt es heraus. Aber ihr seid ja nicht allein. Wir machen alle mit.«

»Genau«, sagte Vicky. »Wir unterstützen dich.« Klar, dass sie nicht mich, sondern Tom meinte. Und dann hat sie ihn gefragt, ob er nicht im nächsten Jahr für das Amt des Schülersprechers kandidieren will.

Tom hat sie angelächelt. ANGELÄCHELT!!!!

12.10 Uhr So langsam stelle ich mir die Frage: Was machen wir denn jetzt am Montag? Laufen wir oder streiken wir? Tja, im Moment gibt es kein »wir«. Ich muss mich wohl eher fragen: Laufe ICH oder streike ICH?

12.13 Uhr So geht das nicht. Natürlich laufe ich nicht. Und natürlich kann ich selbst auf mich aufpassen. Aber natürlich ist der Boykott des Spendenmarathons eine Gemeinschaftsaktion und keine Beziehungsfrage. Wir müssen das trennen, Tom und ich.

12.15 Uhr Es ist nur leider so: Ich kann das nicht trennen.

12.17 Uhr Ich kann keinen Gedanken mehr denken, in dem Tom nicht vorkommt.

12.19 Uhr Ich kann nicht mehr. Mir ist schlecht.

12.22 Uhr SMS an Paps: »Papi? Mir geht's ganz furchtbar schlecht. Kannst du mich abholen?«

12.27 Uhr SMS von Paps: »Gib mir zehn Minuten.«

14.00 Uhr In einem Film hätte Paps mich in den Arm genommen, als ich mit letzter Kraft auf den Beifahrersitz seines Autos plumpste. In einem Film hätte ich ihm dann sein Hemd nass geweint und ihm alles erzählt. Zum Schluss hätte er weise Vaterworte gesprochen, wonach ich die Welt ein bisschen klarer gesehen hätte. Alle Probleme hätten sich in Luft aufgelöst.

Im wahren Leben schrie Paps »Vorsicht!!!«, als ich mich auf den Beifahrersitz plumpsen lassen *wollte*, was mich erst mal stoppte, sodass er gerade noch rechtzeitig eine wassergefüllte Plastiktüte unter mir wegziehen konnte, die mit Fischen gefüllt war. Uäääh, allein der Gedanke, dass ich mich da fast draufgesetzt hätte, ließ mich würgen. Im wahren Leben kurvte Paps hektisch durch den Verkehr, was meinen Magen nicht gerade beruhigte. Im wahren Leben sprach Paps keine weisen Vaterworte, sondern erzählte mir aufgeregt, es handele sich bei all diesen Fischen um Friedfische, also nicht um Raubfische, sie würden sich daher mit den Goldfischen bestens vertragen und keinen davon auffressen. Na ja, ich war einfach nur froh, dass er wieder mit mir sprach, und versuchte, nicht zu weinen, was mir

nur so halb gelang. Irgendwann fragte Paps mich dann doch ganz lieb, ob er mir helfen könne, aber ich schüttelte den Kopf. »Ich wünschte nur, ich wäre auch ein Friedfisch.« Das war alles, was ich herausbekam.
Eine Weile blieb es still. »Aber das bist du doch, Lillykind«, sagte Paps dann. Und da musste ich dann doch weinen, denn leider bin ich das nicht.

Betreff: Sagen und wissen
Datum: 01.07., 23:11 Uhr
Von: Lilia Kirsch <fleurdelis@yahoo.com>
An: Tom Barker <wolfspfote@gmail.com>

Hey du!

Ich schreib dir jetzt einfach mal.

Ich liege immer noch im Bett, aber im Vergleich zu heute Nachmittag geht es mir schon viel besser.

Puh, das waren harte Stunden, ich will gar nicht daran zurückdenken. Nur so viel: Sollte ich etwas Falsches gegessen haben, dann befindet es sich jetzt garantiert nicht mehr in meinem Magen.

Vielleicht war's aber auch nur der Schlafmangel, davon wird mir manchmal schlecht. Trotzdem kann ich seltsamerweise nicht schlafen, ich bin seit Tagen viel zu aufgeregt dafür. Ich glaube, seit unseren Nächten auf der Insel habe ich überhaupt nicht mehr richtig tief geschlafen.

Du, ich habe nachgedacht und ich will dir was sagen. Ich weiß aber nicht, wie. Ich versuche es jetzt einfach mal schriftlich. Das geht vielleicht leichter.

Nein, schreiben ist definitiv nicht leichter. Jetzt habe ich eine halbe Stunde lang Sätze getippt und sie sofort wieder gelöscht. So geht das nicht. Ich schreibe jetzt einfach drauflos, ohne nachzudenken, und werde ab jetzt keinen Buchstaben mehr löschen, egal, wie wirr das hier wird. Und dann klicke ich schnell auf Senden, ohne noch mal zu lesen, was ich geschrieben habe. Ich kann damit ja nicht viel kaputtmachen.

Wahrscheinlich ist ja schon alles kaputt.

Okay, los geht's.

Als mein Vater heute Nachmittag an meinem Bett saß und mir beim Speien den Rücken streichelte, da habe ich ihn etwas gefragt. (Ja! Er spricht wieder mit mir. Vermutlich, weil ich so arm und krank bin.)
Wie kommt es eigentlich, dass man anderen Menschen so selten sagt, was man wirklich denkt? Man tut das ja eigentlich fast nie. Man sagt Eltern nicht, was man denkt und fühlt, Geschwistern nicht, Freunden nicht, und auch nicht seinem Freund.

Klar, man lügt die alle nicht an. Man behauptet nichts, was nicht stimmt. Aber man spricht ja vieles NICHT aus, was man denkt. Obwohl man weiß, dass daraus Missverständnisse werden können.

Wäre das Leben nicht einfacher, wenn man immer sagen würde, was man denkt? Könnte man meinen. Stimmt aber vermutlich nicht, sonst würden es ja mehr Menschen machen. Das muss doch einen Grund haben. Nur welchen?

Schreibe ich wirr? Vermutlich. Egal, weiter.

Mein Vater hat darüber richtig lange nachgedacht. Und dann sagte er Folgendes: Es ist wohl eine Form von Rücksicht. Man sagt nicht jedem dauernd, was man denkt, weil es für andere Menschen gar nicht so wichtig ist, was man selbst denkt.

Ich habe das nicht verstanden. Ich zum Beispiel möchte doch unbedingt wissen, was DU zum Beispiel denkst.

Ich fragte also meinen Vater, ob er nicht wissen wolle, was meine Mutter denkt, und ob sie auch nicht wissen sollte, was in seinem Kopf vorgeht.

»Sagen und wissen ist doch nicht dasselbe«, meinte er da. Und dann erklärte er mir an einem Beispiel, wie er das meinte: Als meine Mutter ins Taxi stieg und wegfuhr, da ging es ihm ganz furchtbar schlecht, weil er sie schon vermisste, als sie nach der ersten Straßenecke aus seinem Blickfeld verschwunden war. Aber er hat ihr das nicht gesagt. Und warum? Erstens, weil sie es sowieso wusste. Und zweitens, weil das für sie in diesem Moment nicht wichtig war. Sie musste ja trotzdem wegfahren, egal, wie es ihm ging. Und in diesem Moment war es für sie wichtiger, dass sie sicher sein konnte, dass er sich hier zu Hause um alles kümmern würde. Deswegen hat er zu ihr gesagt: Mach dir keine Sorgen. Wir schaffen das.

Es wäre gemein von ihm gewesen, fand er, wenn er sie beim Abschied damit belästigt hätte, wie es ihm gerade geht.

Darüber denke ich seitdem nach. Ich würde dir so gern

sagen, wie es mir geht. Aber das ist für dich zurzeit wohl gar nicht so wichtig. Und ich wüsste auch gern, was du denkst. Aber eigentlich müsste ich es von selbst wissen, oder? Weil du mich damit nicht belästigen willst.

Ich weiß es aber nicht. Ich habe da nur eine vage Vermutung und hoffe eigentlich, dass sie nicht wahr ist. Trotzdem sollte ich es erfahren, gerade wenn sie stimmt.

Tom, kannst du mir bitte was sagen? Auch wenn du es rücksichtslos von dir selbst findest? Bitte?
Es geht um Folgendes: Ich befürchte, dass es dir zu stressig ist, mit mir zusammen zu sein, weil wir uns nur noch streiten. Ich befürchte, dass du gern mit mir Schluss machen möchtest, aber nicht weißt, wie du es mir sagen sollst.

Du kannst es mir einfach schreiben. Okay?

Ich lese das jetzt nicht mehr, ich klicke gleich auf Senden!

Lilia

Betreff: Re: Sagen und wissen
Datum: 01.07., 23:33 Uhr
Von: Tom Barker <wolfspfote@gmail.com>
An: Lilia Kirsch <fleurdelis@yahoo.com>

Lil, Lil, Lil,

ich will mit dir zusammen sein. Jede Sekunde. Jetzt auch.

Und ich will mich nicht mit dir streiten. Nie. Aber ich kriege es nicht hin.

Ich finde alles viel schwieriger als dein Vater es beschreibt.

Man kann ja auch über sich selbst nur sagen, was man auch weiß. Wenn ich aber vor dir stehe und du mir erzählst, dass du dem Maki eine Mail mit deiner Unterschrift geschickt hast, dann habe ich in meinem Kopf keine klaren Gedanken. Scheiße, jetzt gibt's Ärger, schießt es mir durchs Hirn. Und: Sie hat doch Ärger genug. Und: Wetten, dass ihr Vater wieder durchdreht? Dann sehe ich sie wieder ewig nicht. Und: Dieser Spendenmarathon geht mir doch eigentlich am Arsch vorbei. Warum haben Lil und ich nicht einfach beschlossen, am Montag zu schwänzen und irgendwohin zu fahren, wo wir allein sein können? Und dann denke ich noch viel mehr Wörter, die nicht druckreif sind. Irgendwann sage ich dann was und erinnere mich hinterher an kein einziges Wort. Und dann sehe ich dein Gesicht und ahne, dass ich Müll geredet habe, und beschließe, dass es jetzt wohl besser ist, den Mund zu halten oder wegzugehen, bevor ich alles kaputtmache.

Lil, ich will nicht Schluss machen.

Ich will endlich anfangen.

Nur wie?

Tom

Betreff: Einfach tun?
Datum: 01.07., 23:47 Uhr
Von: Lilia Kirsch <fleurdelis@yahoo.com>
An: Tom Barker <wolfspfote@gmail.com>

Tom,

du kennst doch dieses Flackerlicht in der Disco, genauso
flackert es gerade in meinem Kopf. Die ganze Woche lang
hat mein Gehirn Bilder gespeichert und die sehe ich jetzt
wie Lichtblitze. Mein Vater. Der Maki. Felix, so blass. Die
Tanzstunde. Maiken. Das Gedicht. Der Nachmittag mit Dana.
Mein Bruder. Vicky, hämisch. Unser Streit. Blitz. Blitz. Blitz.

Lauter Gedanken und ich kann keinen festhalten. Aber ich
kann auch nicht schlafen.

Tom, ich komm jetzt einfach zu dir.

Okay?

Lil

Betreff: Nein!!!
Datum: 01.07., 23:50 Uhr
Von: Tom Barker <wolfspfote@gmail.com>
An: Lilia Kirsch <fleurdelis@yahoo.com>

Geh nicht nachts allein durch die Stadt, Lil, bitte!

Ich komm zu dir!

Jetzt.

Tom

Samstag, 2. Juli

Habe eben die Frage gegoogelt: Wie merkt man, ob es Liebe ist? Die schönste Antwort habe ich auf einer Seite mit Kinderzitaten gefunden: »Wenn dich jemand liebt, sagt er deinen Namen anders. Du weißt, dein Name ist in seinem Mund gut aufgehoben.« Das Zitat stammt von Billy, 4 Jahre.

5.31 Uhr Schnüff. Tom ist erst seit elf Minuten weg und ich vermisse ihn schon so, dass es fast wehtut.

5.34 Uhr Kluger Billy, das stimmt wirklich, was du da gesagt hast. Ich würde Tom am liebsten anrufen und ihn darum bitten, meinen Namen noch einmal auszusprechen. Und dann würde ich gern sagen: Komm zurück. Aber wenn er das tun würde, dann würde Paps ihn hier erwischen, das geht nicht. Ich will unseren neuen Waffenstillstand nicht gleich wieder gefährden.

5.35 Uhr Ich weiß, wenn ich Tom anrufen würde, dann würde er sofort umdrehen. Er wäre bestimmt so schnell da wie heute Nacht. Ich konnte gerade noch mein Zimmer aufräumen, da hörte ich schon Steinchen an meinem Fenster. Und dann war er plötzlich in meinem Zimmer. Er ist hochgeklettert, erst auf den Gartenzaun, dann aufs Garagendach und von dort auf mein Fensterbrett. Schon war er drin.

Ich habe kein Licht angemacht und als er in meinem dunklen Zimmer vor mir stand, fühlte sich plötzlich alles wieder genauso an wie auf der Insel: nur er und ich und warme, weiche Dunkelheit.

»Du musst schlafen«, flüsterte er zwischen zwei Küssen. »Sonst wirst du gleich wieder krank.«

Und dann zog er mich auf mein Bett und legte sich neben mich. »Schlaf«, flüsterte er wieder.

Ich wollte nicht. Ich wollte jetzt hellwach sein. Aber mein Kopf lag an seiner Schulter, ich hörte sein Herz und seinen Atem in seinem Brustkorb, seine Finger spielten mit meinen Haaren. »Einfach schlafen«, murmelte er und lag ganz still. Und tatsächlich wurde ich ganz ruhig und dann bin ich eingeschlafen. Ich war sooo müde.

5.45 Uhr Ich weiß: Wenn in einem Film ein Lover nachts durch das Fenster eines Mädchens klettert, dann schlafen die beiden nicht zehn Minuten später tief und fest. Dann wälzen sie sich in wilder Leidenschaft in den Laken. Trotzdem. Diese Nacht mit Tom werde ich mein Leben lang nicht vergessen. Genau WEIL wir nebeneinander eingeschlafen sind.

5.55 Uhr Kann man mit sechzehn schon jemanden richtig echt lieben?

5.58 Uhr Glaub schon.

6.00 Uhr Kann man es mit sechzehn schon sagen?

6.01 Uhr Filmreif bestimmt nicht.

Aus Lilias Sammlung
der schönsten Filmzitate:

»Warum willst du mich heiraten?« – »Damit ich dich küssen kann, wann ich will!« *(Sweet Home Alabama)*

»Ich geh mit dir ans Ende der Welt, bis ans Ende der Zeit. Bis es Sternschnuppen schneit.«

(Vom Suchen und Finden der Liebe)

»Ich liebte sie nicht, weil wir zueinanderpassten. Ich liebte sie einfach!« *(Der Pferdeflüsterer)*

»Geht es dir um meine Seele? Du kannst sie haben! Ohne dich will ich sie nicht.« *(New Moon – Bis(s) zur Mittagsstunde)*

»Unter allen Fährten in diesem Leben gibt es eine, die am meisten zählt. Es ist die Fährte, die zum wahren Menschen führt.« *(Der mit dem Wolf tanzt)*

»Wir haben getanzt und wir haben Fahrscheine gekauft und ein Eis gegessen und eine Blume geschossen, wir haben in einem Bett geschlafen und wir haben den Mond gesehen und ich hab sein Herz gehört.« *(Barfuss)*

»Ich habe dich mehr geliebt, als irgendeine Frau jemals ein Kaninchen geliebt hat!« *(Falsches Spiel mit Roger Rabbit)*

Immer noch Samstag, 2. Juli

Aus Lilias Lexikon der Liebeswörter (LLL):
Ge-heim-weh (Substantiv). Innerer Schmerz, der entsteht,
wenn man zu viele Geheimnisse anderer Menschen in sich
aufstaut. Die dadurch entstehende Kommunikationsverstopfung
führt rasch zu Geheimweh. Als Therapie empfehlen Fachleute
⇨ Fairrat.
Fair-rat (Substantiv). Wenn man Geheimnisse aus Gründen
des Selbstschutzes ausnahmsweise einer vertrauenswürdigen
Person erzählt, spricht man nicht von Verrat, sondern von
Fairrat.

6.15 Uhr Tom und ich haben nicht nur geschlafen in dieser
Nacht. Als es dämmerte, sind wir vom Gezwitscher der Vögel
aufgewacht und haben geredet. Wir haben uns einfach alles
erzählt, was wir uns bisher verschwiegen hatten. Es ging nicht
anders und ich glaube, es war okay. Es fühlte sich richtig an.
Wir werden beide nichts davon weitererzählen und wir haben
jetzt allein durchs Reden ein paar Probleme weniger:

1. Was Vicky Tom in der Nacht auf der Insel erzählt hat: Das
ist wirklich was Privates. Vickys Eltern besitzen das größte,

nobelste und beste Hotel unserer Stadt. Es läuft gut, aber Vickys Vater hat offenbar ein paar Fehler gemacht und jetzt ist er pleite. Er kann nicht mal mehr seine Angestellten bezahlen. Das hat Vicky Tom damals in der Nacht auf der Insel erzählt. Und sie hat ihm gesagt, dass sie keine echten Freunde hat und dass sie bald dringend welche brauchen wird, Freunde, die auch in schlechten Zeiten zu ihr halten. Und solche sind Nina und Julia und die ganzen Barbies rund um Vicky einfach nicht. Da zählst du nur was, solange du cool rüberkommst. Wenn sich das ändert, finden die Partys plötzlich ohne dich statt.

Tom hat Vicky in der Nacht auf der Insel versprochen, ihr zu helfen, bei uns in der Clique Freunde zu finden. Deswegen lädt er sie auch dauernd zu allen Treffen mit ein.

Natürlich musste er ihr schwören, dass er das keinem erzählt, auch mir nicht. Und er dachte, das sei kein Problem, denn das hatte ja gar nichts mit mir zu tun. Am Dienstag nach dem Begrüßungsessen für Felix hat Vicky ihm auf dem Heimweg noch etwas erzählt: Ein Reporter von der Zeitung hat bei ihren Eltern angerufen und unangenehme Fragen gestellt. Zum Beispiel wollte er wissen, warum die Großmanns immer noch in ihrem schicken Haus wohnen, aber ihre Angestellten nicht bezahlen. Vickys Eltern rechnen nun damit, dass bald ein Artikel darüber in der Zeitung steht und dass Vickys Vater dabei gar nicht gut wegkommt. Und sie hat ihm gesagt, dass sie das nicht aushält und nicht weiß, was sie machen soll. Sie hat total gesponnen und er hat stundenlang auf sie eingeredet, bis er sie endlich nach Hause bringen konnte.

Ich glaube ihr ja echt kein Wort. Aber wenn es wirklich stimmt, dann tut Vicky mir leid. Ich könnte das auch nicht gut aushalten.

2. Warum Maiken und Felix beide das Rilke-Gedicht kannten: Weil Felix ihr das Gedicht zusammen mit einem Brief geschickt hat. Das war noch auf der Insel. Und Maiken hat mir das nicht erzählt, weil Felix sie darum gebeten hat. Klar, klar, klar, es ist halt was Privates!

3. Warum Maiken und Felix trotzdem immer noch kein Paar sind: Er braucht Zeit. Irgendwas ist bei dem Unfall mit ihm passiert. Er ist immer schlapp und müde und es ist, als wäre er vollgesogen mit Traurigkeit. Selbst Tom schafft es nicht, einen Draht zu ihm zu finden und mit ihm darüber zu reden.

4. Ich habe Tom auch alles erzählt. Von Paps. Von Rosalie. Von Dana und Flocke. Sogar von dem Frauenarztbesuch. Und ich war ihm sehr dankbar, dass er einfach nur zugehört hat.

5. Der Spendenmarathon: Wir haben beschlossen, dass wir das jetzt durchziehen. Der Boykott findet statt! Wir wollen aber nicht noch mehr Werbung für unsere Aktion machen, das wird also kein Aufruf zum Schwänzen oder so was. Wir schreiben einfach auf Facebook, dass WIR nicht am Marathon teilnehmen, sondern in derselben Zeit jobben und das Geld dann spenden. Punkt. Das war's. Wer dann dasselbe machen will, darf das gern tun, aber er muss auch selbst dafür geradestehen.

6. Die Jobs: Tom hat mir dann noch erzählt, was die anderen am Montag arbeiten wollen. Er selbst kennt einen Förster und hilft dem bei der Waldarbeit. Maiken und Felix wollen sich einfach mit ihren Gitarren in die Fußgängerzone setzen und

Straßenmusik machen. Dana räumt in der Tankstelle bei ihr an der Ecke Regale ein. Fabi mäht bei seinen Eltern den Rasen und schneidet die Hecke. Und Vicky bleibt auch zu Hause, sie verkauft gebrauchte Bücher übers Internet, man bekommt zwar anscheinend für ein einzelnes Buch nicht viel, aber die Masse macht es. Ich werde im Blumenladen meiner Tante jobben, sie hat mich schon vor Wochen gefragt, ob ich mal ihr Lager aufräumen und entrümpeln kann.

Wir hatten beide ein schlechtes Gewissen, weil wir so viele Privatsachen von anderen Leuten ausgeplaudert haben. Aber anders wäre es nicht gegangen. Wenn man zu viele Geheimnisse von anderen kennt, dann wird irgendwann jedes Gespräch zu einem Slalomlauf um lauter Gesprächsminen herum. Man denkt ja viel über solche Geheimnisse nach. Und man kann dann dem anderen nicht mehr sagen, was man denkt. Dadurch rückt man immer weiter auseinander.

Nach unserem Gespräch war das anders, wir waren uns nah. Und dann haben wir noch eine Weile weder geredet noch geschlafen. Bis Tom leider wegmusste, weil Paps immer um halb sechs aufsteht.

7.00 Uhr Boah, was ist denn das da vor meiner Zimmertür? Der Staubsauger?? Um sieben???
Ach so, Mama kommt heute.

To-do-Liste Samstag:

1. Staubsaugen (ich)
2. Wischen (ich)
3. Bad und Toilette putzen (Lilia)
4. Küche putzen (Lilia)
5. Einkaufen (Florian)
6. Staubwischen (Rosalie)
7. Hund bürsten (Rosalie)
8. Hund morgens (Ich)
9. Blumen (Ich, auf dem Rückweg)
10. ~~Kochen~~ Pizza holen (Florian)
8. Iris abholen, Bahnhof (alle!)
8. Welpenschule (wir schwänzen!)
9. ~~Hund nachmittags (Lilia)~~ Nein! Das seh ich nicht ein!!!
Wieso ich?
Wieso muss Flocke nie was???

9. Hund nachmittags (Florian)

ZICKE!!!

Montag, 4. Juli

Diskussion gestern auf Facebook:

Fritzi Auer: »Zieht ihr das jetzt durch mit dem Boykott?«

Simon Berghoff: »Na klar! Der Scheck heiligt die Mittel. Und wer andern eine Grube gräbt, muss sie auch auslöffeln.«

Tom Barker: »Geteilte Suppe ist halbes Leid.«

Simon Berghoff: »Und wer im Schlachthaus sitzt, sollte nicht mit Schweinen schmeißen.«

Fritzi Auer: »Ihr seid vielleicht doof!«

Simon Berghoff: »Fang mich doch, du Eierloch.«

Fritzi Auer: »Hä? Das passt ja jetzt wohl überhaupt nicht!«

Simon Berghoff: »Stimmt. Aber ich wollte es schon lange mal anbringen.«

6.oo Uhr Jetzt ist es also so weit. Heute ist DER TAG! 325 Leute haben auf Facebook angegeben, beim Boykott mitzumachen. Komisch, ich bin richtig aufgeregt, dabei werde ich von der Aktion ja gar nichts mitkriegen. Wenn der Maki explodiert, bin ich weit weg in einem Blumengeschäft.

6.40 Uhr Für einen Tag der Entscheidung fing dieser Tag ziemlich alltäglich an. Wir haben noch mal alle zusammen mit Mama gefrühstückt, dann kam ihr Taxi. Schade, dass sie nur so kurz da war. Irgendwie sind wir immer alle besser drauf, wenn wir zu fünft sind.

Das war ein richtig gemütlicher Tag gestern. Wir waren alle zusammen mit dem Hund im Wald, haben zusammen gegessen, nachmittags Spiele gemacht und abends *Ice Age* gesehen, sogar Flocke war den ganzen Tag dabei.

Kurz bevor Mama abgereist ist, hat sie zu Paps gesagt, dass sie ihn beneidet, weil er hier bei uns bleiben darf. »Sieh sie dir an, diese Kinder!«, rief sie. »Sind sie nicht wundervoll?«

Ich trug einen Schlafanzug, der mit Zahncreme bekleckert war. Die Rosine nuckelte an einem Becher Fencheltee, weil es in ihrem Magen rumorte. Und Flocke hatte einen tierischen Sonnenbrand, weil er seinem Edelkörper gestern auf dem Balkon einen Bronzeschimmer verleihen wollte und dabei eingeschlafen war. Ich konnte es Paps nicht übel nehmen, dass er bei diesen Worten skeptisch aussah. Flocke, Rosalie und ich – wir sind eher aus der Distanz wundervoll.

7.00 Uhr Ha! Wusste ich's doch! In der Zeitung steht immer noch nichts über Vickys Eltern. Kein Wort. Aber natürlich werde ich das Tom gegenüber nicht erwähnen. Ich werde nicht mal eine Augenbraue hochziehen. Es wird aber schwer werden, nicht so auszusehen, als würde ich absichtlich nicht die Augenbraue hochziehen. Gut, dass ich Tom heute erst mal gar nicht sehe, weil ich arbeite.

7.20 Uhr So, jetzt sollte ich los. Paps soll nicht merken, dass ich nicht zur Schule gehe. Ich erzähle ihm schon noch irgendwann von dem Boykott, aber lieber erst, wenn es zu spät ist und er ihn mir nicht mehr verbieten kann.

8.00 Uhr Bin jetzt im Lager des Blumenladens meiner Tante. Hier gibt es Verzierungen aller Art, also alles, was die Menschheit nicht braucht. Glaskugeln für Gartenbeete, schmiedeeiserne Schnörkel, die man in Blumentöpfe stecken kann, Strohkränze, Trockenblumengestecke, kleine Tontäfelchen mit Kräuternamen, ebenfalls zur Dekoration von Beeten, Tiere aus Ton, Gießkannen, Vasen, Weihnachtsengel und so weiter und so fort. Meine Aufgabe ist es, Unbrauchbares wegzuwerfen, alles zu entstauben und zu sortieren. Schwierige Aufgabe. irgendwie kommt mir hier alles unbrauchbar vor.

9.00 Uhr Ich glaube, die Natur hat mich nicht für Arbeit geschaffen. Merke schon nach einer Stunde: Mein Körper wehrt sich dagegen. Jeder Muskel tut mir weh und meine Haut juckt von dem ganzen Staub. Vermutlich bin ich auch nur zur Verzierung da, so eine Art menschlicher Schnörkel, ein lebendes Ornament, eine Glaskugel im Beet des Lebens.

9.30 Uhr Kaffeepause. Puh! So ein Spendenmarathon kommt mir jetzt plötzlich viel attraktiver vor als heute früh. Das ist doch eigentlich eine sehr schöne, saubere, lockere, entspannte Angelegenheit.

11.30 Uhr Doch nicht. Bin eben mit letzter Kraft und staubentzündeten Augen aus dem Lager ans Tageslicht gekrochen und habe dort erst festgestellt, wie heiß es heute ist. Die armen

Läufer! Und der arme Tom, der bei diesem Wetter draußen schuften muss! Wenigstens hat er Schatten im Wald.

16.00 Uhr Boah, ich bin fertig mit der Welt. Ich bin so was von platt. Aber die Sache hat sich gelohnt: Meine Tante hat mir fünfzig Euro für unsere Spendenkasse gegeben. Und sie hat mich sehr gelobt, ihr Lager sei jetzt so sauber und ordentlich wie nie zuvor. Jetzt aber ab unter die Dusche und los. Flocke und ich haben heute noch was vor! Oje, mir ist plötzlich doch ganz mulmig zumute.

17.10 Uhr Flocke blieb wie angewurzelt stehen, als er das Praxisschild an dem Haus sah, das ich ansteuerte.
»Nee, das ist nicht dein Ernst, oder?«
Ich sah ihn nur ausdruckslos an.
»Lil, was willst du denn da?«
Ich schenkte ihm einen weiteren langen Blick.
»Ähm, ist das nicht ein bisschen früh? Ich mein, du bist doch mit Tom erst ganz kurz zusammen und du bist doch erst sechzehn, du kannst dir doch noch Zeit lassen.«
Ich zog eine Augenbraue hoch. Nur eine. Das kann ich nämlich und das hasst er. Es sieht so unglaublich arrogant aus. Und tatsächlich, so langsam schien Flocke zu begreifen, was er da eigentlich sagte. Und dann fiel auch noch der letzte Groschen.
»Hier warst du mit Dana am Donnerstag?«
Ich nickte.
»Und du willst da jetzt echt rein?«
Ich nickte wieder. »Aber ich trau mich nicht allein. Und ich will nicht, dass meine Freundinnen das wissen. Ist doch echt

was Privates. Und Mama ist nicht da und ich kann doch nicht mit Paps da hin. Bitte, Flocke, nur ins Wartezimmer, okay?« Er richtete sich zu seiner vollen Größe auf und drückte auf den Klingelknopf. »Okay. Bringen wir's hinter uns!«

Jetzt sitzt er da drüben und hat sichtlich das Gefühl, von allen angestarrt zu werden. Ich wette, er versucht gerade, so auszusehen, als wäre er nur mein Bruder, was ihm natürlich nicht gelingt, denn wir ähneln uns überhaupt nicht. Der knarzende Korbstuhl, auf dem er sitzt, ist viel zu klein für ihn. Bei jedem Versuch, es sich bequem zu machen, verursacht er einen Höllenlärm. So fällt er in diesem Wartezimmer voller Frauen und Mädchen noch mehr auf. Man sieht deutlich, dass er gerade eine harte Zeit durchlebt. Aber ich habe kein Mitleid, es ist nur zu seinem Besten. Ich sitze ja schließlich auch nicht zum Spaß hier und mich bemitleidet keiner.

Pfihihi, immer wenn jemand reinkommt, hält er sich eine Zeitschrift vors Gesicht, damit ihn keiner erkennt. Er merkt gar nicht, was für eine Zeitschrift er da in der Hand hält. Sie heißt »Mein Baby«. Das könnte ein Grund dafür sein, dass die Leute ihn hier so interessiert beäugen.

19.00 Uhr Geschafft! War ganz harmlos. Nach einem lockeren Gespräch hat die Ärztin mir eine Probepackung mit einer Pille gegeben. Falls das je ein Thema für mich sein sollte, bin ich jetzt also gewappnet.

Flocke hat mir keine Fragen gestellt, genau wie er es versprochen hatte. Aber kaum waren wir aus der Praxis raus, ist er zu Dana abgeschwirrt. Ich schätze mal, jetzt werden sie reden.

20.00 Uhr Ha! Auf Facebook ist die Hölle los! Unser Boykott war ein Riesenerfolg. Wenn man das Geld zusammenrechnet, das wir erarbeitet haben, dann sind wir schon jetzt bei mehr als dreitausend Euro. Der Spendenmarathon hingegen war wohl dieses Jahr eher eine schlappe Veranstaltung. Wegen der großen Hitze konnten die Läufer nur wenige Runden drehen, also kam nicht viel Geld zusammen. Und die Stimmung war mies. Der Maki hat alle Klassenlehrer veranlasst, während des Marathons drei Mal die Anwesenheitslisten zu kontrollieren, um die Namen der Schulschwänzer lückenlos zu erfassen. Und er hat Strafen für alle angekündigt, die geschwänzt haben. Da haben wir aber Angst!

20.30 Uhr Gäääähn! Ich bin so was von müde. Ich glaube, ich gehe heute mal früh ins Bett. Ich erzähle Paps das mit dem Marathon morgen. Die ersten beiden Stunden fallen aus, da ist Zeit genug. Und er schläft dann auch besser.

Betreff: Schulverweigerung Ihrer Tochter Lilia Kirsch
Datum: 04.07., 18:15 Uhr
Von: Dr. Herbert Makel <dr.makel@asg.de>
An: Oliver Kirsch <oliver.kirsch@web.de>

Sehr geehrter Herr Professor Kirsch,

leider muss ich Ihnen mitteilen, dass Ihre Tochter Lilia am
heutigen Montag unentschuldigt der Schule ferngeblieben
ist. Ich gehe nicht davon aus, dass sie krank war, denn sie
hatte mir zuvor persönlich angekündigt, sie würde zusammen mit anderen Schülern die Teilnahme an unserem jährlichen Spendenmarathon gezielt boykottieren.
Diese sportliche Großveranstaltung ist ein Höhepunkt unseres Schuljahrs, die Schülerinnen und Schüler engagieren
sich dabei gemeinsam für einen wohltätigen Zweck.
Ich halte es für unerlässlich, dass die Boykotteure, allen
voran die Anstifter, zu denen Lilia gehört, bestraft werden.
Die sportlichen Leistungen der Fehlenden an diesem Tag
werden daher mit der Note sechs bewertet. Darüber hinaus
plane ich weitere Strafmaßnahmen, die ich gern mit den Eltern der Betroffenen abstimmen würde. Ich bitte Sie daher
morgen um 17 Uhr zu einem Gespräch in mein Büro.

Mit freundlichen Grüßen

Dr. Herbert Makel
Schulleiter

Dienstag, 5. Juli

Die Rosine nervt! »Hau mich nicht, hau mich nicht, hau mich lieber nicht.« Von diesem Gesang wurde ich heute ganz früh wach. »Beiß mich nicht und kratz mich nicht, du mieser kleiner Wicht!«, schmetterte sie immer noch, als ich zum Frühstück wankte, das leider noch nicht auf dem Tisch stand. Und so ging es die ganze Zeit. »Hau mich nicht, hau mich nicht, hau mich lieber nicht. Beiß mich nicht und kratz mich nicht, du mieser kleiner Wicht!« Und noch mal. »Hau mich nicht, hau mich nicht, hau mich lieber ...«

7.30 Uhr »Rosalie Viola Kirsch«, unterbrach ich sie. »Noch einmal dieses Lied und ich hau dich. Aber wie!!!«

»Hau mich nicht, hau mich nicht, hau mich ...«, krähte sie noch lauter.

»Na warte!« Drohend lief ich auf sie zu und rechnete fest damit, dass sie fliehen würde. Aber sie blieb stehen, riss die rechte Hand hoch und streckte mir ihre Handfläche entgegen. »ICH WILL DAS NICHT!!!«, brüllte sie.

Ich stoppte mitten im Lauf. »Huch? Schon gut! Reg dich ab.« Ich dachte, die Rosine wäre vielleicht wegen irgendetwas schlecht drauf. Aber kaum wandte ich mich ab, sang sie schon wieder. »Beiß mich nicht und kratz mich nicht, du mieser kleiner Wicht!«, schmetterte sie laut, falsch und äußerst vergnügt.

»Paaaps«, jammerte ich. »Sag ihr, dass sie aufhören soll.«

Statt einer Antwort schepperten in der Küche Töpfe und wir hörten Paps fluchen. Er sagte Wörter, die man vor Kindern nicht sagen sollte.

»Was ist denn mit dem los?«, fragte ich leise.

»Och, der macht Milch warm.«

»Aber warum so laut?«

»Weiß nicht.« Die Rosine zuckte mit den Schultern. »Ich habe ihm von der Schule erzählt und seitdem ist er so.«

»Was genau hast du ihm denn erzählt?«

»Wir machen jetzt ein Win-win-Training!« Rosalie wuchs sichtbar um ein paar Millimeter, als sie das sagte. Auf dem Pflaster, das ihr Schielauge verklebte, waren heute rosa Herzchen. Paps hatte ihr Zöpfe geflochten, die zwar nicht ganz symmetrisch waren, aber sehr niedlich aussahen.

»Und wie geht das Training?«, fragte ich.

Sie riss wieder die rechte Hand hoch und brüllte: »ICH WILL DAS NICHT!«

Ich zuckte zusammen.

Rosalie grinste. »Klappt prima, oder? Das ist unser Stopp-Zeichen, wir haben es in der Schule gelernt. Wenn wir das machen, muss der andere aufhören mit Ärgern. Das Hau-mich-nicht-Lied haben wir auch neu gelernt.«

»Aha. Und warum heißt das Win-win-Training?«

»Weil wir dabei lernen, wie man so streitet, dass keiner verliert, sondern beide gewinnen. *Win-win* ist Englisch und heißt, beide gewinnen, verstehst du?«

»Toll. Ist da noch ein Platz frei?«

»Willst du mitmachen?«

»Nee, ich nicht, aber ich hätte da einen schwer erziehbaren Schulleiter, der das auch noch nicht kann.«

»Ich kann ja mal unsere Lehrerin fragen.«

»Nee, Rosalie, lass mal, das war ein Witz. Aber sag mal, warum ist Paps deswegen sauer?«

»Vielleicht wegen dem Brief, den unsere Lehrerin an die Eltern geschrieben hat?« Die Rosine hielt mir einen Zettel hin. »Liebe Eltern«, stand darauf. »Nachdem ich in der letzten Woche feststellen musste, dass einige unserer Schülerinnen und Schüler nur wenig Konfliktlösungskompetenzen besitzen und die Eltern sich davon überfordert fühlen, nimmt die Klasse 1 c jetzt an einem sogenannten Win-win-Training teil.«

»Aha. Verstehe«, murmelte ich. »Konfliktlösungskompetenzen. Paps glaubt, dass die Lehrerin ihn meint.«

Die Rosine grinste. »Ich glaub's auch«, flüsterte sie.

»Du, mal ehrlich: ich auch.« Wir kicherten. In der Küche fiel ein Topfdeckel scheppernd zu Boden.

»Sag mal, Rosalie, was müsst ihr deswegen in der Schule trainieren?« Ich hatte das Win-win-Prinzip noch nicht ganz kapiert. »Jetzt hebt ihr alle immer die Hand und brüllt, dass ihr irgendwas nicht wollt, wenn es Streit gibt?«

»Na klar.«

»Und? Funktioniert es? Lässt Moritz dich dann in Ruhe?«

»Nö. Er brüllt dann zurück: ICH WILL ABER!«

»Und was machst du dann?«

»Ich schreie: ABER ICH NICHT! Und immer so weiter.«

»Ooookay. Und wo sind da die beiden Gewinner?«

»Na, es hat immerhin keiner verloren«, meinte Rosalie achselzuckend.

Als wir endlich alle am Frühstückstisch saßen, sang die Rosine schon wieder dieses Lied.

»Rosalie, würdest du bitte eine Pause einlegen? Ich möchte mit Lilia reden.« Paps klang immer noch angespannt.

Rosalie sang weiter.

»Kind, ich möchte mit deiner Schwester ein ernstes Gespräch führen, könntest du bitte still sein?«

Rosalie sang etwas leiser, aber nicht viel.

Da stand Paps auf, schnappte sich seine Jüngste und klemmte sie sich unter den Arm.

»ICH WILL DAS NICHT!«, brüllte die Rosine, doch das half ihr jetzt nichts mehr.

»Du bleibst in deinem Zimmer, bis ich dich rufe!«, hörte ich Paps auf der Treppe schnauben.

»Ahahahaber mein Frühühüstück«, heulte Rosalie laut auf.

Wenig später stürmte Paps ins Wohnzimmer, ergriff Rosalies Müslischale und ihren Milchbecher und trug beides die Treppe hoch.

»So«, sagte er, als er sich wieder auf seinen Stuhl fallen ließ. »Und jetzt zu dir.« Das klang nicht gut. Ich hatte damit gerechnet, dass er mit mir über Rosalies Lehrerin reden wollte, und war schon ganz in Ratgeberinnenstimmung. Aber dafür war das die falsche Gesprächseinleitung.

Und tatsächlich, plötzlich polterte Paps los. Warum ich ihm nichts von dem Spendenmarathon erzählt habe. Ob ich ihm nicht vertrauen würde? Warum ich das nicht am Sonntag, als die ganze Familie zusammen war, mit allen hätte besprechen können. Warum er so etwas von meinem Schulleiter erfahren müsse. Und ob ich denn überhaupt keine Konfliktlösungskompetenzen besäße.

»Das ging doch nicht gegen dich«, versuchte ich ihn zu beruhigen. »Ich wollte einfach nicht, dass du mir das verbietest.«

»Meine Güte, Lilia!«, rief Paps und klatschte sich mit der flachen Hand auf die Stirn. »Dann kämpf für deine Meinung. Sag mir deine Argumente. Biete mir die Stirn! Du willst doch immer für voll genommen werden. Dann verhalte dich auch so.« Er wurde immer lauter.

»Das tu ich doch dauernd. Aber dann schreist du rum!«, brüllte ich.

»Na und? Du schreist doch auch! Da muss man dann eben einfach durch!«, brüllte Paps zurück.

»DIESE EWIGE STREITEREI NERVT MICH ABER!«, schrie ich aus voller Lunge.

»DANN HAU MICH DOCH!«, brüllte er, so laut er konnte. In diesem Moment ging die Tür auf und Flocke streckte ganz vorsichtig seinen Kopf ins Wohnzimmer. »Haut euch nicht, haut euch nicht, haut euch lieber nicht«, sang er. Dann ging er in Deckung.

Und plötzlich mussten wir lachen. Alle drei. Wir lachten bis Paps Schluckauf hatte und mir Tränen übers Gesicht liefen. Danach war unsere Wut verraucht und wir konnten reden. Florian setzte sich zu uns an den Kaffeetisch, aber er hielt die Klappe und hörte nur zu. Und ich erzählte Paps von Tom und vom Maki und vom Spendenmarathon.

Paps konnte meine Argumente verstehen, obwohl er das mit dem Marathon nicht sooo dramatisch fand. Aber er meinte, er würde mich das jetzt einfach mal so regeln lassen, wie ich es für richtig hielte.

»Und das mit Tom auch«, sagte ich, und das war keine Frage. Paps seufzte. Aber er widersprach mir nicht.

Betreff: Re: Schulverweigerung Ihrer Tochter Lilia Kirsch
Datum: 05.07., 09:30 Uhr
Von: Oliver Kirsch <oliver.kirsch@web.de>
An: Dr. Herbert Makel <dr.makel@asg.de>

Sehr geehrter Herr Dr. Makel,

vielen Dank für Ihre Einladung zum Gespräch. Leider kann
ich Ihrer Bitte aus Zeitgründen nicht nachkommen. Ich sehe
aber auch keinen Anlass für ein solches Gespräch.

Wenn meine Tochter an einem Boykott teilnimmt, dann liegt
das nicht an ihrem Alter oder ihrer Entwicklung. Dann hat
sie dafür einen Grund. Auf Anfrage wird sie Ihnen diesen
bestimmt gern selbst erläutern. Mein Eingreifen ist hier
also nicht erforderlich. Sollten Sie allerdings aus juristi-
schen Gründen für das Fehlen meiner Tochter am gestrigen
Montag eine schriftliche Entschuldigung eines Erziehungs-
berechtigten benötigen – hier ist sie: Meine Tochter Lilia
Kirsch konnte den Unterricht gestern nicht besuchen.

Mit besten Grüßen

Oliver Kirsch

Immer noch Dienstag, 5. Juli

»Die Jugend liebt heutzutage den Luxus. Sie hat schlechte Manieren, verachtet die Autorität, hat keinen Respekt vor älteren Leuten und schwatzt, wo sie arbeiten soll. Die jungen Leute stehen nicht mehr auf, wenn Ältere das Zimmer betreten. Sie widersprechen ihren Eltern, schwafeln in der Gesellschaft, verschlingen bei Tisch die Süßspeisen, legen die Beine übereinander und tyrannisieren ihre Lehrer.«

10.00 Uhr Nein. Dieses Zitat stammt NICHT vom Maki. Es ist von Sokrates. Klingt allerdings, als wären Sokrates und er ein echtes Dream-Team gewesen, hätten sie sich nicht um knapp 2500 Jahre verpasst.

Man fragt sich ja, warum die Welt noch immer nicht untergegangen ist, bei so einer Jugend.

Trotzdem hat es sich Herr Dr. Makel offenbar zur Aufgabe gemacht, diesen Prozess aufzuhalten. Noch mal 2500 Jahre will er das nicht mit ansehen. Deswegen fällt für uns heute die dritte Stunde aus. Stattdessen müssen wir uns alle in der Aula versammeln, um eine Strafpredigt unseres hochverärgerten Schulleiters über uns ergehen zu lassen. Die ganze Schule! Diese Maki-Predigten sind gefürchtet. Nicht, weil sie den

Zuhörern durch Mark und Bein gehen und sie vor Angst erschaudern lassen, sondern weil sie so unendlich langweilig sind. Der Maki hat nämlich die unangenehme Angewohnheit, alles immer drei Mal zu sagen, jedes Mal in etwas anderen Worten. Und die Maki-Sätze sind so dermaßen verschwurbelt und selbstgerecht, dass sie sich im Kopf anfühlen wie Autoabgase in den Atemwegen, undurchsichtig und grau, aber gleichzeitig auch stickig und giftig. Ich schreibe jetzt einfach mal mit. »Ob und wann ihr zur Schule geht, das habt nicht ihr zu entscheiden. Es kann ja hier nicht jeder kommen und gehen, wie es ihm passt. Und es kann nicht jeder Einzelne darüber mitentscheiden, was hier in der Schule läuft. Wie soll das gehen, bei über tausend Schülern. Wann ihr kommt und wann nicht, das gehört grundsätzlich nicht in euren Entscheidungsbereich.«

Fast tut er mir leid. Das kann doch auch für ihn selbst nicht schön sein. Ich meine, WIR können nachher nach Hause gehen und ihn einfach vergessen. Aber ER muss den ganzen Tag mit sich selbst verbringen und garantiert träumt er auch nachts von sich. Das ist nicht schön.

10.20 Uhr Tom wollte dem Maki eben eine Einzahlungsquittung überreichen. Er war heute schon vor der ersten Stunde an der Schule und hat einen Teil des Geldes eingesammelt. Danach hat er der Organisation »Ärzte ohne Grenzen« 1200 Euro überwiesen. Und das ist erst der Anfang. Alle paar Minuten vibriert sein Handy ganz leise und jemand kündigt per SMS eine weitere Spende an.

Der Maki hat die Quittung zerknüllt und in den Müll geworfen. Was für eine kleinliche, schäbige Geste. Und dann hat er irgendwas erzählt von wegen Spendenquittungen und Buchführung und Nachweis und illegal, und dass er damit nichts zu tun haben will. Danach hat er wieder von vorn angefangen mit seiner Rede. »Welche Aktion an dieser Schule pädagogisch wertvoll ist und welche nicht, das haben nicht die Schüler zu entscheiden. Nicht ihr urteilt, ob ...« Blablabla.

10.30 Uhr Uff. Zum Schluss seiner Rede hat Herr Makel uns dann doch noch kalt erwischt. Er sagte mit leiser Stimme den Satz, mit dem er immer seine gefährlichsten Aktionen einleitet. »Tut mir leid, aber so geht das nicht.« Und dann verkündete er, dass ALLE, die an diesem Boykott beteiligt waren, am Freitagnachmittag nachsitzen müssen. Ausnahmen gebe es nur bei einem ärztlichen Attest. Zusammen müssen wir das Gebäude gründlich reinigen und die Außenanlagen vom Müll befreien. So weit ging's ja noch. Das war okay, damit hatten wir gerechnet. Aber dann kam noch etwas. »Schule ist ein Geben und Nehmen, wie alles im Leben.« In den Riesenaugen des Maki blitzte plötzlich ein fieses Freudenfunkeln auf. Er lächelte sogar ein bisschen. Und dann kam's. »Liebe Zehntklässler! In euren Reihen ist dieser Boykott entstanden. Ihr wart nicht bereit, eurer Schule zuliebe ein paar Runden um den Sportplatz zu joggen. Nun bin ich auch nicht bereit, etwas für euch zu tun. Am Freitag wollt ihr in unserer Sporthalle zusammen mit eurer Tanzschule den jährlichen Abschlussball feiern. Für diese schulfremde Veranstaltung wollt ihr Schulräume nutzen und Hausmeisterdienste in Anspruch nehmen. Aber nach den Vorkommnissen vom Montag bin ich nun auch nicht mehr bereit, euch dabei zu unterstützen.« Nach diesen Worten hat der Maki eine Liste aus seiner Tasche gezogen und die Namen derjenigen Zehntklässler vorgelesen, die gestern unentschuldigt gefehlt haben. Das waren ungefähr vierzig aus allen fünf Klassen. »Das sind die Namen derer, die in dieser Schule am Freitagabend Hausverbot haben. Ich sehe mich gezwungen, euch aus erzieherischer Verantwortung die Teilnahme am Abschlussball zu verbieten. Im Klartext: kein Abschlussball für euch!«

»Wir haben es verstanden«, murmelte Fabi. »Und zwar schon beim ersten Mal.« Tja, und ich hatte noch etwas kapiert: Aus dem ruhigen Nachmittag mit Tom wird heute wieder nichts. Der Maki war aber noch lange nicht fertig mit seiner Rede. Er musste dasselbe ja noch mehrfach sagen, nur mit anderen Worten, blablabla, was mir immerhin die Gelegenheit gab, diese Rede aufzuschreiben.

11.00 Uhr »Wiekannerdastundasgehtdochnichtdasistjagemein. Ichhabmirextraeinkleidgekauftundschuheichhabmichsogefreut! Blöderboykottwaskanndennichdafür?« Helle Aufregung in der Pause. Alle stürzten sich auf Tom und fragten ihn, was wir jetzt tun würden.

»Keine Ahnung.« Tom sah blass und müde aus. Er hatte gestern bis zum Umfallen im Wald geschuftet und war heute schon ganz früh an der Schule gewesen, um das mit dem Geld zu koordinieren.

»Ist doch klar, was wir jetzt machen«, schaltete ich mich ein. Plötzlich war es ganz still. »Na was wohl? Wir kämpfen für unsere Meinung. Und für unseren Ball. Wir bieten dem Maki die Stirn. Wir wollen doch immer für voll genommen werden. Dann verhalten wir uns auch so.«

»Ähm, klingt gut. Und was heißt das konkret?« Das kam von Fabi.
»Passt auf: Wenn vierzig von uns nicht teilnehmen können, dann sind davon fast alle betroffen. Dann werden viele Paare getrennt und dann haben wir viel zu viel Essen und zu viele Getränke, dann kommt die ganze Finanzierung ins Wanken. Wir müssen also zusammenhalten. Den Ball gibt es nur für alle oder für keinen. Das heißt, wir brauchen einen anderen Ballsaal. Einen, bei dem der Maki nichts zu bestimmen hat.«
»Nichts leichter als das«, spottete Vicky. »Wir haben ja noch drei Tage. Und alle Veranstaltungsorte im Umkreis haben bestimmt nur auf uns gewartet und sind noch frei.«
»Lilia hat recht«, sagte Tom und legte seinen Arm um mich. »Leute, wir sind 150 Zehntklässler an dieser Schule. Um ein paar Ecken kennen wir garantiert jeden in dieser Stadt. Also los, kämpft. Wir brauchen am Freitag einen Saal für 150 Leute. Oder eine Scheune. Von mir aus auch ein Festzelt irgendwo. Das muss doch möglich sein.«

Facebook, 5. Juli, 17.00 Uhr:

Lilia Kirsch: Dringend! Notfall! Wir suchen einen Ballsaal für unseren Abschlussball am Freitag! Auch ungewöhnliche Orte sind willkommen!

Simon Berghoff: Aha! Die Ratten verlassen das stinkende Schiff.

Fritzi Auer: Du nervst!!!

Simon Bergoff: Ich dich auch, mein Schatz!

Fritzi Auer: Du mich auch.

Lilia Kirsch: Noch mal zurück zu der Sache mit dem Ballsaal …

Vanilli Milly: Wie ungewöhnlich darf's denn sein?

Lilia Kirsch: Egal. Hauptsache billig …

Mr X: Lösung in Sicht! Ich klär noch die Details.

Mittwoch, 6. Juli

Aus Lilias Lexikon der Liebeswörter (LLL):
Schlick-sen (Verb). Wenn jemand auf äußerst schleimige Weise
andere austrickst, bezeichnet man dieses Verhalten als schlick-
sen. Je nach Bedarf ist es möglich, sich aus unangenehmen
Situationen herauszuschlicksen oder sich in Freundschaften und
Beziehungen anderer hineinzuschlicksen. Ein weibliches Wesen,
das zum Schlicksen neigt, wird als ⇨ Schlickse bezeichnet.

7.00 Uhr Tja. Muss ich erwähnen, dass auch heute KEIN Artikel über Vickys Vater in der Zeitung steht? Na, egal, ich hatte von ihr nichts anderes erwartet.

8.00 Uhr Wundert sich irgendjemand, wenn ich erzähle, dass Vicky heute ein ärztliches Attest vorgelegt hat? Sie hat am Montag überhaupt nicht an dem bösenbösenbösen Marathonboykott teilgenommen. NEIIIIN! Die armööö Vicky war krank. Deswegen hat der liebe, gute Herr Dr. Makel ihr jetzt doch noch erlaubt, beim Abschlussball mitzutanzen. Na, so ein Glück!!! Als Tom das erfuhr, sah er so ähnlich aus wie damals, als ihn eins seiner Lieblingsmeerschweinchen hinterrücks in den Finger gebissen hat.

9.44 Uhr Juhuuu!!! In der Pause habe ich erfahren: Vor wenigen Minuten haben wir auf Facebook ein Saalangebot erhalten. Ein Freund von Felix hat einen Freund, der einen Vater hat, der gerade eine neue »Eventlocation« umgebaut hat. Und was für eine! Felix hat schon mit ihm telefoniert und Folgendes herausgefunden: In unserer Nachbarstadt, etwa fünfzehn Kilometer entfernt, wurde das alte Bahnhofsgebäude stillgelegt. Da stehen jetzt nur noch ein paar Fahrkartenautomaten. Und der neue Besitzer hat den Bahnhof zu zwei großen Festsälen umgebaut. Noch ist nicht alles ganz fertig, die Außenanlagen fehlen noch, die Parkplätze und die Blumentöpfe am Eingang und so. Aber innen ist alles nagelneu und schön. Er überlässt uns die Räume zu einem Spottpreis, unter einer einzigen Bedingung: Ein paar von uns sollen vorher in voller Ballschönheit für ein Fotoshooting zur Verfügung stehen. Diese Bilder darf der Bahnhofsbesitzer dann auf seiner Homepage und in einem Prospekt für Werbezwecke verwenden.

Wir waren natürlich sofort einverstanden. Dana und Flocke, Maiken und Felix sowie Tom und ich machen das mit den Fotos. Warum auch nicht? Da stehen ja nicht mal unsere Namen drunter. Und wenn wir uns schon mal fein machen, kann das auch ruhig für die Nachwelt festgehalten werden. Jetzt müssen wir nachher nur noch die Räume besichtigen und mit unserer Tanzlehrerin sprechen. Ich sehe schon: Mein Kuschelnachmittag mit Tom muss schon wieder verschoben werden.

18.00 Uhr Unsere Tanzlehrerin Constanze war sofort einverstanden, als wir ihr vorschlugen, den Bahnhof zu besichtigen. Sie hat schon seit Jahren genug von dem ewig gleichen Maki-

Terror rund um die Tanzstunden und den Abschlussball in der muffigen Turnhalle. Und als wir dann die Säle besichtigt haben, war sie so begeistert, dass sie die Bälle ab jetzt immer dort feiern will. Es ist da richtig, richtig schön!

Die beiden Säle sind durch riesige Türbögen miteinander verbunden. Im ersten Saal, in dem früher die Fahrkartenschalter und der Kiosk waren, kann man Tische und Stühle aufstellen und hat außerdem noch genug Platz für ein Büfett. Und im zweiten, dem früheren Wartesaal, spielt dann die Band zum Tanz auf. Das ist ein wunderschöner Raum mit großen, bogenförmigen Sprossenfenstern, fast kommt man sich vor wie in einem Schloss. Ab und zu rattert draußen natürlich ein Zug vorbei, was in Schlössern eher selten vorkommt, aber den hört man nicht, wenn die Musik spielt. Und ich finde den Gedanken schön, dass die Zugreisenden durch die hell erleuchteten Fenster einen Blick auf unseren festlichen Ball werfen können. Das ist ein viel besserer Ort als die Schule. Mal ehrlich, irgendwie kommt man sich doch komisch vor, wenn man im Abendkleid durch dieselbe Turnhalle schwebt, in der man morgens noch am Reck hing. Es ist ja schon seltsam genug, am Tag des Balls genau den Jungen im Arm zu haben, der einen am Reck ausgelacht hat. Man braucht schon die ganze Kraft seiner Fantasie, um sich trotzdem ein bisschen wie Aschenbrödel beim Tanz mit dem Prinzen zu fühlen. Etwas Schloss-Feeling ist da echt hilfreich.

19.00 Uhr Oh Mist!!! Gerade wollte ich Tom anrufen und ihn fragen, ob er vorbeikommen will. Da summt mein Handy. Eine SMS von Maiken: »Ich komm gleich bei dir vorbei, okay?«

Maiken! Wir haben uns seit Tagen kaum gesehen! Natürlich ist das okay. Ich freu mich auf sie. Nur, das war's dann auch für heute mit einem ruhigen Abend mit Tom. Schnüff.

21.00 Uhr »Lilia, es tut mir sooo leid!«, rief Maiken, als sie vor der Tür stand.

»Was? Wieso?« Sie hatte doch gar nichts getan!

»Ach, du süße, liebste, beste Freundin, ich hab dich total vernachlässigt, ich weiß.« Sie trug eine Tüte bei sich.

»Aber das hast du doch gar nicht getan. Jetzt komm erst mal rein. Warst du shoppen?«

»Ich habe mein Ballkleid mitgebracht.« Sie schwenkte vergnügt die Tüte, als sie vor mir die Treppe hochging. »Ich hab's im Internet bestellt und es passt genau. Ich will ganz ehrlich wissen, wie du es findest, ich kann es auch zurückschicken.« Sie ließ sich auf mein Bett fallen, streifte ihre Flipflops von den Füßen und wackelte mit den Zehen. »Aber erst mal muss ich mich echt bei dir entschuldigen. Bei mir war so viel los in letzter Zeit, ich hab dich echt hängen lassen.«

»Quatsch, Maiken. Ich hab dich doch auch nicht angerufen. Bei mir war genauso viel los. Zeig mal dein Kleid.«

Das Kleid war der Wahnsinn! Es hatte ungefähr die Farbe, die Finger haben, wenn man Brombeeren gepflückt hat. Und es hatte einen tollen Schnitt, eine enge Korsage mit Neckholder und einen weiten, flatternden Rock. »Zieh mal an!«, forderte ich sie auf. Sofort ließ sie die Hüllen fallen und schlüpfte in das Kleid. »Wow!!! Felix wird Schnappatmung bekommen, wenn er dich so sieht.«

»Also behalte ich es«, sagte sie vergnügt. »Sag mal, was machst du mit deinen Haaren? Gehst du vorher zum Friseur?« Vorsichtig schlüpfte sie aus ihrem Kleid und verstaute es wieder in der Tüte.

»Friseur liegt mir nicht, da sieht man hinterher immer so künstlich und fremd aus. Ich zwirbele mir selbst die Haare hoch, und was dabei entsteht, nenne ich gewollte Unordnung.«

»Soll ich's mal probieren? Ich kann das ganz gut.«

Und dann machte Maiken mir verschiedene Frisuren und erzählte nebenher wie ein Wasserfall von Felix.

Autsch, die hat's aber erwischt! Ich weiß jetzt, wie klug er ist und wie sensibel und wie musikalisch! Und dass er noch schlimme Schmerzen in seinem Bein hat. Und dass sie neulich beide zusammen im Wald waren, mit ihren Gitarren, und sich auf eine Lichtung gesetzt haben. Und dann haben sie sich gegenseitig etwas vorgesungen. Da wäre ich gern Mäuschen gewesen. Beide sind nämlich wirklich gut. Bei unserer Spendenaktion haben sie den größten Betrag zusammenbekommen, hundertzwanzig Euro in fünf Stunden! Sie erzählte mir, dass Felix sich für Buddhismus interessiert und deswegen ein Shamballa-Armband am Handgelenk trägt. Und dass er ihr auch eins macht. Weil ich vorm Spiegel saß, als Maiken mir all das erzählte, konnte ich ihr Gesicht beobachten. Und da fiel mir etwas auf. Sie KLANG glücklich. Wenn man ihr zuhörte, konnte man meinen, dass zwischen Felix und ihr alles super lief. Aber wenn sie eine Pause machte und sich auf meine Haare konzentrierte, sah sie traurig aus.

»Maiken«, sagte ich leise. »Sag einfach stopp, wenn ich dich in Ruhe lassen soll und wenn du nicht darüber sprechen willst. Aber ich hab das Gefühl, dass es dir irgendwie nicht gut geht.«

Sie sagte eine Weile nichts, und ich rechnete fest damit, dass es auch bei ihr »was Privates« war, das sie beschäftigte. Aber sie dachte nur nach.
»Eigentlich ist alles okay«, sagte sie irgendwann. »Es ist nur so: Irgendwas stimmt nicht mit Felix. Und ich habe keine Ahnung, was es ist.«
»Tom sagt das auch«, murmelte ich und Maiken sah mich interessiert an.
»Echt? Ich dachte schon, es läge an mir.«
»Nee, das auf keinen Fall. Tom meint, er sei seit dem Unfall anders als vorher.«
»Hmmm«, überlegte Maiken. »Er spricht nicht darüber. Aber er wirkt gedämpft. Ich habe manchmal das Gefühl, als würde ihn etwas sehr beschäftigen, aber nicht im Hauptthirn, sondern irgendwo in einem Hinterstübchen seines Kopfes, zu dem er den Schlüssel verloren hat. Also, ich glaube, er weiß selbst nicht, was los ist. Er kann nicht darüber reden, weil er sein Problem selbst nicht versteht.« Sie hielt inne und überlegte. »Manchmal ist er auch anders. Wie früher. Aber immer nur kurz.«
»Vielleicht braucht er noch Zeit?«
»Und Musik«, murmelte sie und steckte noch ein paar Haarsträhnen fest. »So, sieh dich an. Wie findest du dich? Also, ich wette, wenn Tom dich so sieht, dann kriegt er auch Schnappatmung!«
Sie könnte sogar recht haben.

Felix von Winning
Klasse 10 b
Schreibprojekt Geschichte

Leben und Tod

Wenn Rilke hundert Jahre später geboren worden wäre, dann hätte er seine Leukämie vielleicht überlebt. Er würde also noch leben. Wenn ich hundert Jahre früher geboren worden wäre, dann wäre ich eher nicht von einem LKW angefahren worden. Aber ich wäre jetzt trotzdem tot, denn ich wäre ja vor hundert Jahren geboren und wer wird schon hundert?

Was ich damit sagen will: Alles hat seine Vor- und Nachteile und man durchschaut im Leben selten, ob man es gerade mit einem Vorteil oder einem Nachteil zu tun hat. Und ich wette, in hundert Jahren geht euch das auch nicht anders.

Ich bin dann tot und habe alles hinter mir. Aber ihr habt noch alles vor euch. Auch hier bleibt unklar, ob das ein Vor- oder ein Nachteil ist.

Mensch, das liest sich ja, als wäre ich bekifft. Bin ich aber nicht. Ich bin nur unendlich müde.

Seit meinem Unfall stimmt irgendwas nicht mehr mit mir. Ich fühle mich, als würde ich unter einer Art Käseglocke leben. Wind und Sonne erreichen mich nicht mehr, Regen macht mich nicht mehr nass, ich freue mich nicht mehr und ich bin auch nicht mehr traurig. Ich kann mich nicht mal mehr verlieben.

Meine Mutter meint, ich hätte bei meinem Unfall ein Trauma erlitten und bräuchte vielleicht eine Therapie.

Meine beste Freundin schrieb mir, ich bräuchte Zeit. Und Musik.

Ich habe mich für Zeit und Musik entschieden. Denn es stimmt: Wenn ich Gitarre spiele oder singe, dann fühle ich eine Weile Regen und Sonne und Wind. Und ich bin dann auch verliebt. Nur wenn ich aufhöre, ist alles vorbei.

Zeit also.

Keine hundert Jahre, bitte.

Es grüßt

Felix

Donnerstag, 7. Juli

Ha! Ich weiß jetzt, warum die Natur die Pubertät erschaffen hat: zum Schutz der Eltern. Jawohl! Wenn Kinder nämlich immer so klein, niedlich, zart und sanft wie Rosalie wären, dann würden Eltern nie, nie, nie darüber hinwegkommen, dass der Nachwuchs irgendwann auszieht und eigene Wege geht. Aber nach ein paar Jahren mit pickligen, übel riechenden, schlecht gelaunten, lauten und unordentlichen Teenagern freuen sich Eltern sogar auf den Abschied. Sie geben es nur nie zu.

7.00 Uhr Paps hat meiner Pubertätsthese beim Frühstück nicht direkt zugestimmt. Er hat ihr aber auch nicht widersprochen. Er hat nur gegrinst. Dann faltete er seine Zeitung zusammen und legte sie weg. »Ich habe eine Idee, Lillymädchen. Wir machen uns jetzt schon mal unseren späteren Abschied so richtig leicht!« Er strahlte mich an.
»Und wie?« Seine auffallend gute Laune machte mich misstrauisch.
»Wir kaufen dir zusammen ein schönes Kleid für den Abschlussball. Nur wir beide, du und ich, der alte Sack und das pubertäre Monster.«

»Ooooch, Papilein, lieb von dir, aber das musst du nicht. Ich kann mir von Dana ein Kleid ausleihen.«

»Nix da!« Seine Stimme klang ungewohnt energiegeladen. »Dein erster Ball! Dieses Kleid wirst du aufheben und es eines Tages deinen Töchtern schenken. Komm, Lillymädchen, da müssen wir durch, wir beide!«

Uff. Aha. Okay, versuchen wir's. Mal sehen, wie viele von uns die Sache überleben, einer, beide oder keiner. Kann gut sein, dass Paps irgendwann halb vertrocknet und völlig entkräftet in einer Umkleidekabine gefunden wird und von Sanitätern wiederbelebt werden muss. Kann aber auch sein, dass ich an der nächsten Autobahnraststätte aufgefunden werde, wo Paps mich an einen Baum gebunden hat, in der Hoffnung, dass ich so ein neues Zuhause finde. Das ist auf jeden Fall ein Härtetest für unsere Vater-Tochter-Beziehung.

Übrigens: Das Win-win-Training von Rosalie zeigt erste Erfolge. Sie will jetzt nicht mehr Niklas heiraten, sondern Moritz. Die Lehrerin hat ihn nämlich aufgefordert, zu erklären, warum er Rosalie dauernd ärgert. Und er hat gesagt, dass er das tut, weil er sie liebt. Küssen kann er sie nicht, denn sie will ja Niklas heiraten. Also haut er sie. Rosalie hat die Sache überdacht und sie ist zu dem Schluss gekommen, dass es unter diesen Umständen besser ist, Moritz zu heiraten. Sie mag ihn auch gern und dann ärgert er sie wenigstens nicht mehr. Jetzt gibt es nur ein Problem: Niklas hat angekündigt, sie zu ärgern, wenn sie Moritz heiratet, und dann hat sie nichts gewonnen. Meine kleine Rosine ist jetzt also eine Frau zwischen zwei Männern. Und Paps freut sich heimlich, weil er sich die pädagogische Verzweiflung von Rosalies Lehrerin so schön ausmalt. Er murmelt immer wieder verzückt das Wort Konfliktlösungskompetenz und reibt sich die Hände.

8.00 Uhr Eigentlich haben wir Geschichte. Aber wir dürfen an unseren Schreibprojekt-Texten arbeiten. Und was wir schreiben, merkt Herr Welter zum Glück nicht.

Ich habe gerade überhaupt kein Interesse an der Vergangenheit oder an der Zukunft, alles, was mich gerade beschäftigt, ist der Abschlussball. Und deswegen finde ich die Idee von Paps gar nicht so schlecht. Es wäre wirklich gut, wenn ich ein ganz besonderes Ballkleid hätte. Wegen der Fotos. Das von Dana ist ja obenrum schon ein bisschen zu weit. Ziemlich sogar.

9.00 Uhr Alle haben nur noch den Ball im Kopf. Seit er an einem so edlen Ort stattfindet, hat er an Glanz gewonnen. Zum Glück ist das ein Ball ohne Eltern, das schützt vor Peinlichkeiten aller Art. Man steht dann nicht so zwischen der Familie und den Freunden. Und man läuft auch nicht Gefahr, von wohlmeinenden Eltern Häschen oder Schnuckel oder Lillykind genannt zu werden, wenn man gerade damenhaft zur Tanzfläche schreitet. Wobei – gerade fällt mir was auf. Paps nennt mich neuerdings Lillymädchen.

9.40 Uhr In der Pause kam die Frage auf, ob wir jetzt wirklich morgen vorm Ball zur Schule gehen und Müll sammeln sollen. Ich habe mich dafür ausgesprochen. Wir sollten dem Maki doch auch eine Win-win-Situation bieten. Ich meine, wir haben ja jetzt schon zwei Mal gewonnen, wir haben den Marathon boykottiert und den Abschlussball gerettet. Aber der

Maki hat noch gar nicht gewonnen. Also räumen und schrubben wir eben ein bisschen, damit es ihm besser geht. Irgendwie muss es ja weitergehen.

Die anderen sehen das jetzt genauso.

18.00 Uhr Zuerst die gute Nachricht: Ich habe das schönste Kleid der Welt. Es ist nämlich die Sorte Kleid, in der man schöner aussieht als in echt. Und die schlechte Nachricht: Wir haben es erst im allerletzten Geschäft gefunden, nachdem wir vorher in acht Läden waren und mindestens zwei Verkäuferinnen komplett zerrüttet zurückgelassen hatten.

An Paps lag es nicht. Er war Wachs in den Händen der Verkäuferinnen. Er fand an mir alles hübsch, angefangen beim blau karierten Dirndl über eine strassbesetzte Robe vom Typ alternde Diva bis hin zum Minikleid, das so kurz war, dass es förmlich schrie: Fass mir an den Hintern, ich will das! Und nach der dritten Boutique hätte er jeden Preis gezahlt, nur um endlich nach Hause zu dürfen. Aber so ging das nicht! »Mann oder Memme?«, fragte ich ihn etwa zur Halbzeit und seufzend erhob er sich aus dem Sessel, in den er vor einer Umkleidekabine gesunken war, und folgte mir tatsächlich widerspruchslos in den nächsten Laden.

Ich hingegen war der Albtraum jeder Verkäuferin. Ich wusste nämlich nicht, was ich suchte, aber ganz genau, was ich nicht suchte. Und das war so ungefähr genau das, was sie dahatten. Auf die Frage »Was darf's denn sein?« hätte ich eigentlich antworten müssen: »Also, ich habe ehrlich gesagt keine Ahnung, was die anderen Mädchen tragen werden, aber mein Kleid soll so ähnlich sein wie das, was alle haben, nur viel toller. Und niemand sonst darf dasselbe Kleid haben. Und ich sollte darin unglaublich schön aussehen, aber doch noch ganz ich selbst sein. Haben Sie so was?«

Hatten sie nicht! Schon allein die Farben! In Pink sah ich aus wie Cindy aus Marzahn. In Grün wie Kermit der Frosch. In Schwarz wie eine Krähe und in Weiß kam ich mir vor wie ein zerknittertes Taschentuch auf zwei Beinen. Nach den ersten vier Boutiquen war Paps um Jahre gealtert. Nach zwei weiteren war jeder Lebenswille aus ihm gewichen. Zusammengesunken saß er auf einem viel zu kleinen Sessel vor meiner Umkleidekabine, starrte trüb vor sich hin und zuckte zusammen, wenn ich ihn ansprach. Irgendwann war dann auch ich genervt, denn so langsam wurde mir klar, dass ich ohne Kleid nach Hause gehen würde.

Da streckte Paps mit letzter Kraft seinen Arm aus und zupfte an einem Kleid, das da hing. »Nimm das«, ächzte er.

»Kükengelb! Und Größe 44, mindestens! Toll, Vater!«, sagte ich.

Da kam plötzlich wieder Leben in mein greises Väterlein.

»Das ist Sonnenglücksfrühlingsgelb«, behauptete Paps. »Und deine Größe. Es hängt hier nur falsch.«

»Babypipigelb«, konterte ich.

»Die Farbe von Mangoeis, nur zarter«, widersprach er.

»Dann gib halt her, ich zieh es mal an.«

Tja. Und dann sah ich ausgerechnet in diesem Kleid wirklich so überirdisch elfenhaft schön aus, dass ich es haben wollte. Und nur drei Schuhgeschäfte später hatte ich auch passende Schuhe! Goldene!

»Du bist der Alleralleralierbeste, ich werde nie mehr ohne

dich einkaufen gehen!« Ich schmiegte mich an mein geliebtes Väterlein.

Er aber wurde bleich.

»Hey, war ein Witz.« Ich knuffte ihn in die Seite.

»Ha. Ha. Ha«, sagte Paps.

Tom Barker
Klasse 10 b
Schreibprojekt Geschichte

Creatures of the night

Schon tagelang drücke ich mich vor dieser Schreibaufgabe. Mir liegt so etwas nämlich nicht. Ich denke nicht gern über die Vergangenheit oder über die Zukunft nach. Wie es sich angefühlt hat, früher gelebt zu haben, und wie es sich anfühlen wird, in Zukunft zu leben, das können wir nicht herausfinden, egal, wie lange wir darüber nachdenken. Und ich habe sowieso den dringenden Verdacht, dass sich Leben in der Zukunft und in der Vergangenheit genauso anfühlt wie Leben jetzt. Weil sich Leben nämlich vermutlich für uns Menschen gar nicht irgendwie anfühlt.

Ich meine das so: Unser Chemielehrer hat uns mal gefragt, wie Luft riecht. Wir sagten alle, dass sie geruchlos sei. »Woher wollt ihr das wissen?«, fragte er. »Ihr seid ja von Luft umgeben, seitdem ihr auf der Welt seid. Eure Sinneszellen haben sich möglicherweise längst an den Geruch von Luft gewöhnt und ihr nehmt ihn nicht mehr wahr.« Seitdem überlege ich, ob Babys vielleicht deshalb nach der Geburt so laut schreien, weil die Luft um sie herum so bestialisch stinkt.

Ja, und ich denke, dass wir auch niemals fühlen können, wie es sich anfühlt zu leben, weil wir so daran gewöhnt sind, dass wir es gar nicht mehr spüren. Mal ehrlich, wir laufen im Alltag doch nicht rum und denken, wow, ich lebe, und zwar im 21. Jahrhundert, das fühlt sich ja mal interessant an.

Okay. Irgendwas muss ich aber schreiben. Also: Was wollt ihr in hundert Jahren von einem heute Sechzehnjährigen wissen? Ich wette, wenn ihr mir eine Frage stellen könntet, dann würdet ihr mir vermutlich durch die Geschichte hinweg zuraunen: Tom Barker! Erzähl mal! Wie läuft das bei euch so mit den Mädchen? Und ihr würdet sabbern vor Neugier. Zumindest die Jungs.

Okay, ihr sollt es erfahren! Passt auf, ungefähr so läuft das bei uns ab: Wenn du fünf bist, ist klar, irgendwann musst du mal eins von den rosabezopften Mädchen um dich herum heiraten und du suchst dir eins aus. Du sprichst sie an, erläuterst ihr deine Eheabsichten und sie will dich meistens auch heiraten. Ihr küsst euch auf die Wange und damit ist die Sache klar. Jetzt müsst ihr nur noch warten, bis ihr erwachsen seid. Beim Warten vergesst ihr das Ganze dann aber.

Wenn du neun bist, findest du plötzlich alle Mädchen peinlich und doof. Du willst auf keinen Fall in ihrer Nähe gesehen werden oder auch nur zufällig eins berühren. Iiih. Dauernd kichern sie und wollen dich antatschen. Bäh! Was bleibt dir anderes übrig, als sie quer über den Schulhof zu jagen?

Mit zwölf findest du die Mädchen auf einmal hübsch. Sie dich aber nicht. Mit dreizehn willst du sie gern anfassen. Jetzt darfst du das aber nicht mehr. Mit vierzehn versuchst du dann mit aller Kraft, sie auf dich aufmerksam zu machen. Sie beachten dich aber nicht, denn sie haben nur Augen für Jungs, die mindestens zwei Jahre älter sind als du.

Du fängst also an, sie zu nerven, damit sie merken, dass du da bist. Und am besten geht das, wenn du irgendeinen eindeutig zweideutigen Müll redest und danach dreckig lachst.

Dann verdrehen sie genervt die Augen und du bist megastolz auf dich.

Mit sechzehn schlägt dann plötzlich ein Blitz ein und du bist verliebt. Von einem Tag auf den anderen. Rettungslos. Du findest sie süß. Du machst freiwillig alles, was sie will, und fühlst dich dabei auch noch gut. Und wenn du ganz viel Glück hast, verliebt sie sich auch in dich und du darfst sie endlich küssen. Tja, wie es weitergeht, weiß ich noch nicht. Ich bin noch dran, das herauszufinden. Aber ab jetzt wird es kompliziert, das habe ich schon festgestellt.

Ich mach's mal an einem Beispiel fest: Übermorgen haben wir unseren Abschlussball. Alles total nach Knigge, Manieren und so. Ich werde einen Anzug und eine Krawatte tragen. Sie wird sich die Haare hochstecken und ein vermutlich atemberaubendes Kleid anziehen. Vor dem Ball werde ich sie dann mit dem Auto abholen, mein Vater spielt den Chauffeur. Und dann schenke ich ihr Blumen. Ich halte ihr die Tür auf und reiche ihr beim Aussteigen den Arm. Wir werden also so tun, als wären wir schon erwachsen. Einen Abend lang.

Das sind wir aber nicht. Wir sind nicht erwachsen. Wir sind irgendwie Zwischenwesen.

Zu Hause wohnen wir in Räumen, die unsere Eltern immer noch als Kinderzimmer bezeichnen und an deren Türen sie oft nicht klopfen, wenn sie eintreten. Wir trotten jeden Morgen in die Schule, werden dort geduzt und behandelt wie Zehnjährige. Und wenn wir direkt sagen, was wir denken, gelten wir als frech und werden bestraft. Dass wir älter werden, merken wir nur daran, dass die Probleme der Erwachsenen immer mehr auch unsere Probleme werden. Früher hat man sie uns verheimlicht. Geldsorgen, Ärger im Beruf, Krankheiten und Ehestreit, das war nichts für Kinder, das bekam man, wenn überhaupt, nur so nebenher mit. Jetzt erzählen sie uns das. Dauernd. Als hätten wir keine eigenen Probleme. Wir sollen lernen: Das Leben ist kein Wunschkonzert, kein Zuckerschlecken und kein Ponyhof. Ob wir wollen oder nicht. Dabei wissen wir das längst, wir haben ja selbst Probleme, wir kennen Geldsorgen, haben Krankheiten, streiten uns und haben Stress in der Schule.

So richtig wir selbst sind wir nur in der Nacht. Da denken wir nicht darüber nach, was wir tun, wir tun es einfach. Nachts feiern wir Partys, wir telefonieren, chatten, surfen im Internet, wir besuchen uns und wir ziehen durch die Straßen.

Und über diese Nächte sprechen wir nicht. Zu niemandem. Auch nicht zu Leuten in hundert Jahren.

Sorry, Leute!

Tom

Samstag, 9. Juli

Aus Lilias Lexikon der Liebeswörter (LLL):
Kirsch, Lilia: Entdeckerin der ⇨ Surround-Gefühle. Kirsch
erkannte als Erste, dass es nicht nur in der Klangwelt, sondern
auch im menschlichen Gefühlsleben eine Einteilung in Mono,
Stereo und Surround gibt. Mono-Gefühle sind Kirschs Forschun-
gen zufolge eindimensional und können mit einfachen Mitteln
erzeugt werden, etwa durch Kitsch (Roman, Film etc.). Stereo-
Gefühle sind eine Art Gefühlsakkord, also ein Gemisch unter-
schiedlichster Gefühle. Sie entstehen z. B. beim Genuss guter
Bücher oder guter Filme, manchmal auch im Alltag. Surround-
Gefühle aber, also Gefühle für alle Sinne, gibt es nur im wahren
Leben. Sie werden in der Maßeinheit ⇨ TOM gemessen.

9.00 Uhr Gähn!!! Bin schon wach. Dabei ist es gestern auf
dem Ball echt spät geworden. Aber so ist das ja oft: Wenn
man richtig spät ins Bett geht, ist man meistens früh wach.
(Und noch so eine Merkwürdigkeit, die man eigentlich mal
erforschen sollte: Wenn man abends richtig viel isst, hat man
morgens Hunger. Aber wahrscheinlich ist das schon längst er-
forscht.)
Ja, man merkt es, ich bin wieder mal ganz im Bann der Wis-

senschaft. Bei meinem Forschungsprojekt mit dem Titel »Lilias Leben« habe ich gestern auf dem Ball nämlich ganz plötzlich und unerwartet die Surround-Gefühle entdeckt. Das sind Gefühle, die man rundum fühlt, also in allen Zellen des Körpers, vom Gehirn bis in die Zehennagelspitzen. Du kannst diese Gefühle riechen, hören, sehen, schmecken, fühlen, einatmen und ausatmen. Und es gibt sie in allen »Gefühlsfarben«: Liebe und Glück, aber auch Trauer, Wut und Verzweiflung. Gestern hatte ich vor allem die von der glücklichen Sorte.

Ich würde diese neuentdeckte Gefühlsart ja gern erforschen, aber ich weiß, es geht nicht, man kann sie nur erleben. Ein bisschen was über sie habe ich trotzdem herausgefunden:

Man sollte Lebenssituationen niemals mit Filmszenen oder Romanstellen vergleichen. Bei denen fühlt man nämlich nur in mono oder höchstens in stereo und durch solche Gefühle aus zweiter Hand stumpft man unnötig ab. Man erkennt dann die viel intensiveren, eigenen Surround-Gefühle nicht mehr, wenn sie sich einstellen. Oder man mag sie nicht, weil ihnen meistens auch ein paar bittere Gefühle beigemischt sind.

Ein bisschen ist das so, als würde man immer nur Himbeerbonbons essen und dann ganz plötzlich eine echte Himbeere in den Mund stecken. Die Bonbons schmecken zuckersüß, aber eine echte Himbeere hat auch einen sauren und einen leicht bitteren Beigeschmack und man spürt lauter kleine Körnchen im Mund. Wer immer nur Himbeerbonbons isst, kann das Aroma der Himbeere nicht mehr genießen. Aber Himbeerbonbons enthalten keine wichtigen Nährstoffe, echte Himbeeren dagegen schon. Und so ist das auch mit Mono-Gefühlen.

9.30 Uhr Unser Abschlussball gestern war eher eine Himbeere als ein Himbeerbonbon. Er war grandios. Der Ball der Bälle. Einmalig! Aber er war von außen betrachtet nicht perfekt, nicht makellos, nicht zuckersüß, zumindest nicht in jeder Minute. Und genau deswegen fühlte er sich so perfekt an, besser als alles, was ich mir vorher von diesem Abend erträumt hatte.

9.45 Uhr So. Ich habe mir schnell einen Kaffee geholt und ihn im Bett getrunken. Jetzt geht's weiter mit dem Abschlussball. Nein, ich fange noch früher an, ich schreibe alles von Anfang an auf und beginne morgens.

Der gestrige Tag begann mit einer Überraschung: In der Zeitung erschien wirklich ein Artikel über das Hotel von Vickys Vater. Darin stand zwar nicht, dass er pleite ist und seine Angestellten nicht mehr bezahlen kann, aber man erfuhr dort, dass er sein Hotel verkauft hat und demnächst ein »kleines, aber feines Familienhotel im Schwarzwald« leiten wird.

Hat Vicky uns nun angeschwindelt oder nicht? Auf dem Weg zur Schule habe ich mich darüber mit Tom unterhalten. Er meinte, sie habe die Wahrheit gesagt. Seiner Ansicht nach hat ihr Vater das vor dem Zeitungsmenschen irgendwie so hingedreht, um seinen Ruf nicht zu schädigen. Denn laut Artikel hat Vickys Vater sein Hotel VERKAUFT, aber das neue Hotel LEITET er nur. Und daraus schließt Tom, dass er eben doch pleite ist und dass das neue Hotel ihm nicht gehört. Mit dem Geld fürs alte kann er jetzt vielleicht wenigstens seine Mitarbeiter bezahlen.

Na, eigentlich ist mir das alles egal. Es geht mir ums Prinzip. Ich glaube, dass Tom Vicky zu rosig sieht, und er findet, dass ich sie zu schwarz sehe. »Sooo zickig ist sie doch gar nicht. Sie kann ein ganz guter Kumpel sein«, meinte er. Pfff. Und Darth Vader kann bestimmt auch ein ganz guter Babysitter sein. Aber das sagte ich in diesem Moment nicht. Denn egal ob schwarz oder rosig oder schwarz-rosa kariert – für uns ist Vicky bald Geschichte. Sie zieht nämlich in den Schwarzwald und ich werde sie nicht vermissen.

In der Schule haben wir dann an einem einzigen Vormittag drei nicht angesagte Tests über den Stoff unserer Hausaufgaben geschrieben. Irgendwer muss da wohl den Vorschlag gemacht haben, dass man die 10 b heute ein bisschen quälen sollte. Wer das wohl gewesen sein mag?

Weil wir alle seit Tagen nur unseren Tanzball im Kopf hatten, haben uns die Tests ziemlich kalt erwischt. Aber unsere Laune hat das nicht runtergezogen. Bei den ersten beiden Tests haben wir noch gestöhnt, aber beim dritten konnten wir nur noch darüber lachen und seitdem ist die Stimmung in der Klasse super. So was schweißt ja auch irgendwie zusammen.

Beim Mittagessen kam es dann zu Hause zu einem Streit zwischen Paps und Flocke. Paps fand nämlich, dass Flocke so langsam mal Struktur in sein Leben und in seine Zukunft bringen sollte.

»Du redest seit Monaten von Australien, aber du kriegst deinen Hintern nicht hoch«, warf er Florian vor.

Der fand allerdings, das sei seine Sache. »Ey, ich hab mein Leben im Griff«, murrte er. »Ich erhol mich jetzt noch ein bisschen von der Schule und dann suche ich mir einen Job. Da arbeite ich erst mal ein halbes Jahr lang oder so. Dann sehe ich weiter.«

Ich spitzte die Ohren. Das waren ja ganz neue Töne. Bisher hatte Flocke immer so geklungen, als würde er vielleicht schon übermorgen seine Koffer packen und nach Australien abhauen. Und ich hatte ihm das immer geglaubt, denn eigentlich hat er längst genug Geld für die Reise zusammengespart.

»Ein halbes Jahr willst du arbeiten und danach gehst du ein Jahr nach Australien?«, fragte Paps. »Da kommst du ja mitten im Wintersemester zurück. Hast du dir das auch gut überlegt? Die meisten Studiengänge fangen im Herbst an. Du verlierst also nach deiner Reise noch zehn Monate, bis du studieren kannst.«

»Wer sagt denn, dass ich ein Jahr nach Australien will?«, knurrte Flocke. »Ein halbes Jahr reicht ja wohl auch.«

Nur ein halbes Jahr??? Paps war über diese Planänderung genauso erstaunt wie ich. Aber Flocke wollte uns das nicht genauer erklären. »Ich habe meine Gründe«, sagte er nur.

Ha! Ich wette, dass ich diese Gründe ziemlich gut kenne. Sie sind vermutlich eng mit mir befreundet und tragen heute Abend ein blaues Kleid. Bruder, du bist süß!

10.30 Uhr Habe mir eben ein Croissant geholt und es mit ins Bett genommen. Blöd nur, dass die Dinger so krümeln. Aber ich habe heute keine Lust auf ein Familienfrühstück, ich will noch ein bisschen von gestern träumen.

Um drei Uhr sind alle Marathonboykotteure brav in der Schule angerückt, um Schränke zu entrümpeln, Gänge zu schrubben und Müll im Pausenhof zu sammeln. Das war allerdings keine große Sache. Wenn dreihundert Leute anpacken, bleibt für den Einzelnen nicht mehr viel Arbeit übrig. Wir haben versucht, dabei nicht allzu viel herumzualbern, sondern abgekämpft und genervt auszusehen, um dem Maki zu seinem Triumph zu verhelfen. Jetzt kann er heute Abend seiner Frau erzählen, wie konsequent und pädagogisch wertvoll er mal wieder gehandelt hat. Vielleicht ist er dann ab Montag genießbarer.

Beim Abendessen gab es dann noch Neuigkeiten von Rosalie und ihren beiden Verehrern. Sie hat Niklas und Moritz heute mitgeteilt, dass sie denjenigen heiraten wird, der am nettesten zu ihr ist. Und wer sie ärgert oder haut, den nimmt sie nicht, der hat verloren. Das ist inzwischen also eine Win-win-win-win-Situation: Eindeutig gewonnen hat Rosalie. Sie wird jetzt von zwei Jungs auf Händen getragen. Aber die beiden Jungs sind Gewinner zwei und drei. Sie lernen Manieren und fallen in der Schule nicht mehr unangenehm auf. Und die Lehrerin ist Gewinnerin Nummer vier, sie ist vermutlich sehr stolz auf den Erfolg ihres Projekts. Es gibt in dieser Angelegenheit aber noch einen heimlichen fünften Gewinner: Paps. Die Idee, den Nettesten zu heiraten, stammt nämlich von ihm. Er bildet sich jetzt unheimlich viel auf seine Konfliktlösungskompetenz ein.

10.45 Uhr So. Habe noch schnell eine SMS an Tom geschrieben, damit er einen Gruß von mir hat, wenn er aufwacht. Jetzt geht's weiter mit dem Abschlussball.

Nach dem Abendessen kamen Dana und Maiken zu mir und wir haben uns hier in meinem Zimmer gestylt. Natürlich brauchten wir dazu auch das Bad, aber das war dauernd von Flocke besetzt. Dana und Maiken haben ja keine Brüder, die dachten bis zum gestrigen Tag, dass nur Mädchen stundenlang Badezimmer blockieren. Wie sie jetzt wissen, sind Jungs da aber überhaupt nicht anders. Wir konnten Flocke nur unter

Androhung der schlimmsten Strafen vom Spiegel weglocken. Dana hat irgendwann gedroht, wenn er jetzt nicht rauskomme, dann würde sie das Foto ins Internet stellen, auf dem er Rosalies Kükenkostüm trägt. Das hat gewirkt.

Kaum war er draußen, sind wir ihn aber nicht mehr losgeworden. Dauernd kam er unter einem Vorwand bei mir rein und musste verjagt werden. Er sollte doch Danas Kleid erst sehen, wenn sie fertig war. Es war also ziemlich anstrengend mit ihm. Irgendwann hatte er dann aber plötzlich Zeitdruck und verbreitete Panik. Er stellte nämlich fest, dass sein dunkler Anzug von oben bis unten voll mit weißen Primelhaaren war. Und außerdem hatte Rosalie aus seiner einzigen Krawatte den Krawattenknoten gelöst, den Flocke immer drin lässt und zum An- und Ausziehen nur ein bisschen erweitert, um rein- und rausschlüpfen zu können. Er kann nämlich keinen Krawattenknoten binden.

Paps hat ihn dann unter seine Fittiche genommen und es war ein schöner Anblick, wie er seinen erwachsenen Sohn mit einer Bürste von Fusseln befreite und ihm dann die Krawatte band. Wir haben das natürlich fotografiert und drohen Flocke nun auch hier mit einer Internetveröffentlichung.

Wir drei Mädels ließen uns von Florians Chaos nicht anstecken. Wir haben uns ganz in Ruhe gegenseitig frisiert und geschminkt und zehn Minuten vor der vereinbarten Zeit waren WIR fertig. Flocke nicht. Er hat es aber dann auch auf die Minute genau geschafft.

Und dann kam der große Moment. Es klingelte an der Tür, Tom und Felix standen draußen. Flocke führte die beiden ins Wohnzimmer, riet ihnen aber dringend davon ab, sich zu setzen, wenn sie nicht auf Hundehaarlook stünden. Sie blieben also stehen und warteten auf uns. Und dann schritten wir Mädels zu dritt die Treppe herunter, eine in Brombeer, eine in Dunkelblau, eine in Mangoeis-mit-Sahne-Gelb.

Die drei Jungs waren wirklich angemessen ergriffen, als sie uns sahen. Und Primel leider auch. Fast hätte sie mir vor lauter Begeisterung im letzten Moment noch Laufmaschen gerissen. In diesem Chaos ging es ein bisschen unter, dass auch wir Mädels beeindruckt von den Jungs in ihren Anzügen waren. Tom im weißen Hemd und dunklen Blazer, wow! Das ist schon ein Anblick, bei dem ich wirklich watteweiche »Gnie« bekomme.

Als wir aus dem Haus kamen, standen dort ganz filmreif drei dunkle Limousinen bereit. Na gut, Limousinen waren es nicht, Autos eben. Und besonders ökologisch war das auch nicht, aber tatsächlich fuhren alle drei Paare getrennt zum Ball. Keiner der Väter hatte es sich nehmen lassen, seinen Sohn samt Tanzpartnerin zu chauffieren.

»Du siehst toll aus, mein Sonnenschein«, flüsterte Tom mir im Auto zu. Das half mir ein bisschen über den Schock hinweg, der mich beim Aussteigen traf. Da stand nämlich Vicky. Vorm Ballsaal. Eine Stunde vor dem offiziellen Ballbeginn. Und auch noch in Schweinchenrosa, uäääh. Sie hatte die Connections ihrer Eltern genutzt, um ebenfalls mit ihrem Partner (Fabi) an unserem Fotoshooting teilnehmen zu dürfen. Ihre Eltern kennen offenbar den Besitzer des Bahnhofs.

»Oh, Lilia, interessantes Kleid«, säuselte Vicky, als ich ausstieg und Tom mir den Arm reichte. »Wie nennt man denn die Farbe? Rührei?«

Grmpf. Aber die Farbe meines Kleides war auf jeden Fall besser als die von Vickys. Rein farblich passte sie nämlich überhaupt nicht zu uns anderen und der Fotograf ordnete deswegen an, dass sie nur bei den Außenaufnahmen mitwirken sollte. Und »Außenaufnahmen«, das Wort war ziemlich übertrieben. Dabei handelte es sich um ein einziges Foto auf der Eingangstreppe, auf dem Vicky ganz hinten stand. Auf den Bildern, auf denen wir mit schwingenden Röcken Walzer tanzen, ist sie nicht mit drauf. Nein, ich bin nicht hämisch. Fast wäre ich es gewesen, aber als ich gerade damit anfangen wollte, hat Maiken mich geschubst und gesagt, dass hämische Gedanken das Karma vergiften. Und das will ich natürlich nicht riskieren. Nicht wegen Vicky. Deswegen bin ich jetzt einfach nur froh, dass auf diesen wunderschönen Fotos nur meine allerbesten Freunde drauf sind. Ich werde mir eins davon übers Bett hängen.

11.15 Uhr Nach dem Fotoshooting kamen nach und nach alle anderen Ballgäste an und die Band begann mit leiser Hintergrundmusik.

Diese Musik, das Gläserklirren, das gedämpfte Stimmengewirr, Toms Hand an meiner Taille, das war, ja also, dafür gibt es schon wieder kein Wort in unserer Sprache. Hmmm, wie nenn ich das? Auf jeden Fall glitzerte da in mir ganz viel Glück herum, so wie die Bläschen in meinem Sektglas.

Constanze hat uns dann alle offiziell begrüßt, die Jungs haben uns mit einer angedeuteten Verbeugung zum Tanz aufgefordert und wir haben den Ball mit einem langsamen Walzer begonnen. Und dabei passierte es dann. Ich entdeckte die Surround-Gefühle. Der Raum verschwamm vor meinen Augen, ich sah nur noch Tom, roch den Duft seiner Haut und fühlte seine

Hand an meinem Rücken, die mich hielt. Und alles, was ich sah und fühlte und hörte, kam plötzlich aus allen Richtungen. Surround eben. Dabei war ich glücklich und traurig, mutig und ängstlich, unwissend und weise zugleich. Und ich hatte plötzlich keine Fragen mehr.

Wann können wir endlich mal allein sein, Tom und ich? Abwarten! Wie machen wir das mit Schule und Freunden und Alltag und Liebe? Das wird sich zeigen! Sex ja, nein, vielleicht? Tom und ich, wir kriegen das schon hin! Als die Walzermusik verklang, zog Tom mich an sich und küsste mich. Ich bin sicher, er fühlte in diesem Moment auch Surround-Gefühle.

In einem Film hätte Tom in diesem Moment vielleicht geflüstert, dass ich die Liebe seines Lebens sei und er sich vor Begierde förmlich nach mir verzehren würde. Im echten Leben war ich so was von dankbar dafür, dass er DAS nicht sagte.

11.30 Uhr Moment, jetzt muss ich Tom schnell noch eine SMS schreiben, er soll doch genauer wissen, wie toll ich den Abend und vor allem ihn gestern fand. So. Fertig.

Maiken und Felix tanzten gestern Abend immer neben Tom und mir. Wenn die Musik schnellere Stücke spielte, tauschten wir die Partner. Tom hat dann mit Maiken getanzt und Felix hat mir den Arm gereicht, um mich zu einem der Bistrotische am Rand der Tanzfläche zu führen.

Als wir dort standen, ist mir aufgefallen, wie Felix Maiken ansah, wenn sie mit Tom an uns vorbeitanzte. Er hat sie förmlich mit den Augen inhaliert. Nein, das ist jetzt kein gutes Wort, aber auch für so einen Blick gibt es keinen Ausdruck in unserer Sprache. Vielleicht könnte man hier von »inhalieben« sprechen?

Wie auch immer, Felix sah Maiken an und sie lächelte ihm zu. Und ich war so in Gedanken versunken, dass mir leider etwas herausrutschte, das ich nicht gesagt hätte, wenn ich vorher das Gehirn angeknipst hätte. »Sag mal, wo liegt bei euch eigentlich das Problem? Ihr fresst euch ja förmlich mit Blicken.«

Boah, das habe ich tatsächlich gesagt! Ich glaube, das war der Sekt. Nüchtern wäre mir das nicht passiert.

Aber auch Felix' Zunge war vom Sekt gelockert und er war kein bisschen sauer. Er lachte sogar. »Wer sagt denn, dass es bei uns ein Problem gibt?«, fragte er.

Na! Das wusste ich ja wohl genau! Ich sah ihn an und zog wieder mal eine Augenbraue hoch. Das sagt oft mehr als tausend Worte.

Jetzt wich Felix meinem Blick aus und starrte stattdessen auf den Bistrotisch. »Müsste man nicht dauernd glücklich sein, wenn man verliebt ist?«, fragte er den Blumenstrauß, der dort stand. »Oder umgekehrt, kann man denn verliebt sein, wenn man gleichzeitig so … Ach, egal.«

»Tja«, sagte ich. »Es gibt eben nicht nur Gefühle in Mono, also reines Glück oder reine Trauer oder so. Echte Gefühle gibt's eigentlich nur in Stereo oder in Dolby Surround. Und die Rundumgefühle sind die besten. Dabei kannst du gleichzeitig traurig und glücklich und wütend und ängstlich und verzweifelt und verliebt sein.« Jetzt sah er mich aufmerksam an. Ich wollte ihm das noch genauer erklären, aber die Band spielte wieder einen langsamen Walzer und Maiken und Tom kamen auf uns zu, um uns zum Tanz aufzufordern. Und wenig später drehten wir uns zur Musik, bis uns ganz schwindelig war vor Glück.

Und vor Hunger. Ich hatte ja zu Hause beim Abendessen vor lauter Vorfreude auf das Büfett nicht zugegriffen und so langsam knurrte mein Magen. Aber leider war da kein Büfett. Constanze hatte es für 21.30 Uhr bestellt, aber es kam und kam nicht. Sie verzog sich mit ihrem Handy in eine ruhige Ecke und kam nach ein paar Minuten mit einer schlechten Nachricht zurück. Sie hatte die Bestellung am Mittwoch geändert, denn das Essen sollte ja an unsere neue Adresse geliefert werden und nicht in die Turnhalle. Aber irgendein Depp beim Partyservice hatte das nicht kapiert und gedacht, sie wolle das Büfett ABBE-STELLEN. Da standen wir also und hatten nichts zu essen. Constanze fand dann eine ungewöhnliche Lösung für dieses Problem. Sie ist einfach aus dem Bahnhof marschiert, zu der Imbissbude gegenüber, und hat den Besitzer gefragt, ob er in der Lage sei, 150 Leute mit Bratwürsten zu versorgen. Und dank einer großen Tiefkühltruhe war er das sogar.

Es hat natürlich eine Weile gedauert, bis alle versorgt waren. Deswegen haben Tom und ich, Maiken und Felix und Dana und Flocke weitergetanzt, bis fast alle gegessen hatten. Auf der Tanzfläche war in dieser Zeit endlich mehr Platz und es war beim Walzertanzen nicht mehr so eng. Essen kann man schließlich immer, tanzen nicht.

Ich glaube, Flocke hat Dana an diesem Abend erzählt, dass er Australien erst mal verschoben hat. Sie sah so süß und glücklich aus, wie ich sie noch nie gesehen habe. Noch wenn wir alt und klapprig sind, werden wir zusammen im Altersheim sitzen und uns daran erinnern, wie sie da in seinen Armen über die Tanzfläche wirbelte und in den Pausen immer mal wieder ein weißes Hundehaar von seinem Ärmel zupfte.

Irgendwann kurz vor dem Ende des Balls wurde unser Hunger dann aber doch zu groß und wir gingen nach draußen, um auch endlich ein Würstchen samt Brötchen zu ergattern. Unsere Vegetarier Maiken und Felix folgten uns nicht, sie waren plötzlich verschwunden.

»Bestimmt teilen sie sich irgendwo einen Müsliriegel«, witzelte Tom. Im Gewühl rund um die Imbissbude verloren wir dann auch Dana und Flocke aus dem Blick.

Ich glaube, in Filmen essen Menschen auf Tanzbällen eher selten Würstchen. Und das ist auch gut so. Es ist nämlich schwer, ein Würstchen zu essen, ohne damit sein Tanzkleid zu bekleckern. Kaviar ist da vermutlich praktischer. Ich habe mich deswegen nach kurzer Überlegung mit einem Brötchen begnügt. Als wir am Imbiss fertig waren, liefen Tom und ich Arm in Arm auf das hell erleuchtete Bahnhofsgebäude zu, in dem die Musik die letzte Tanzrunde spielte. Und da bemerkten wir zufällig Felix und Maiken. Sie standen ein bisschen abseits in einer dunklen Nische, wir erkannten sie kaum. Aber dann gewöhnten sich unsere Augen an die Dunkelheit und wir sahen: Die beiden küssten sich.

Wie schööön. Tom wollte schon etwas zu ihnen herüberrufen, aber ich hielt ihm den Mund zu. »Lass die beiden lieber in Ruhe, die brauchen dich jetzt nicht! Die brauchen gerade keinen.«

Das hat Tom dann auch ganz schnell eingesehen. Denn da war noch eine dunkle Nische und wir beide brauchten dann auch eine Weile lang niemanden sonst auf der Welt.

»Ich glaube, ich muss meine Meinung doch ändern«, sagte ich irgendwann zu ihm.

»Was? Wieso?« Ich glaube, er hätte lieber weitergeküsst, als zu reden. Aber das war mir jetzt wichtig.

»Na, ich dachte immer, es gäbe im echten Leben selten so richtig perfekte Momente. Aber das hier ist einer. Alles stimmt. Ganz großes Kino. Wie in einem Hollywoodfilm. Musik, Lichter, Sterne am Himmel, über uns rauschende Bäume, das ist perfekt.«

»Ich seh nur dich.«

»Tom, das ist vielleicht der einzige Moment in unserem Leben, in dem alles vollkommen und makellos ist. Wir müssen uns jedes Detail einprägen.«

»Lilia?« Ich spürte Toms Lippen ganz nah an meinem Ohr.

»Ja«, hauchte ich.

»Es ist garantiert nicht der einzige perfekte Moment unseres Lebens.«

»Nein?«

»Lil, es regnet ein bisschen.«

»Oh. Ja, stimmt.«

»Und die Musik spielt auch längst nicht mehr. Der Ball ist vorbei.«

»Echt?«

»Ja. Und das, was da rauscht, sind nicht die Bäume, das ist die S-Bahn.«

»Oookay.«

»Außerdem habe ich Bratwurstsaft auf meinem Hemd.«

»Stimmt …«

»Und du stehst auf meinem Fuß.«

»'tschuldigung.« Ich machte einen Schritt zur Seite.

»Übrigens: Dahinten wartet dein Vater auf dich, er will dich abholen.«

Tatsächlich, da stand Paps und versuchte so auszusehen, als ob er nicht da wäre.

»Und weißt du was, Lil?«, fragte Tom.

»Hmm?«

»Dieser Moment ist trotzdem rundum perfekt. Er sieht vielleicht von außen nicht so aus. Aber er fühlt sich so an. Und Momente von dieser Sorte werden wir noch ganz oft erleben.« Und dann küsste er mich.

Ende

(Nein, noch nicht ganz! Bitte umblättern!)

Lilias Nachwort:

In diesem Tagebuch ist jetzt nur noch eine Seite frei. Ich bin nicht traurig darüber, dass das so ist. Es passt ganz gut. Ich schreibe hier jetzt noch ein Nachwort hin und danach werde ich kein weiteres Tagebuch mehr benötigen.

Ich habe nämlich festgestellt, dass man die wirklich wichtigen Dinge im Leben sowieso nicht mit Wörtern festhalten kann. Für all die gemeinsamen Erlebnisse, die jetzt auf Tom und mich zukommen, gibt es einfach keine passenden Formulierungen. Das ist ja nicht nur beim Thema Liebe so, das gilt noch viel mehr für »Säggs-Geschichten«.

Der letzte Gedanke, den ich hier noch notieren will, stammt eigentlich von Tom. »Warum ist es dir so wichtig, alles aufzuschreiben?« Das hat er mich neulich gefragt, als er mein Tagebuch auf meinem Schreibtisch liegen sah.

»Ich will alles, was ich erlebe, für die Nachwelt festhalten. Vor allem das mit dir und mir«, antwortete ich. »Für meine Kinder und Kindeskinder.«

»Wen sollte es interessieren, was wir beide miteinander erleben?«, fragte Tom. »Die Nachwelt soll doch bitte schön ihr eigenes Liebesleben haben.«

Was Tom da sagte, stimmt.

Also, liebe Leser: Dann mal los!

Sechzehn und ungeküsst

Mara Andeck
WEN KÜSS ICH UND
WENN JA, WIE VIELE?
Lilias Tagebuch
240 Seiten
mit zahlreichen
Abbildungen
ISBN 978-3-8432-1088-1

Lilia hat es satt! Da sitzt sie nun an ihrem 16. Geburtstag – die erhoffte Überraschungsparty ist nicht in Sicht, die nächste Klassenarbeit droht, aber das Schlimmste: Lilia hat noch nie einen Jungen geküsst. Das muss sich ändern! Da passt es gut, dass Lilia sowieso gerade damit beschäftigt ist, ihr Bioreferat zum Thema »Balzverhalten im Tierreich« vorzubereiten. Immerhin sind Menschen auch nur Säugetiere. Und so beschließt sie kurzerhand, ihr neues Wissen einfach auf ihr eigenes Liebesleben anzuwenden ... Ziel des Ganzen: Am Ende will Lilia küssen – und zwar unbedingt den Richtigen!

Baumhaus

Er liebt mich, er liebt mich nicht ...

Mara Andeck
WER LIEBT MICH UND
WENN NICHT, WARUM?
256 Seiten
mit zahlreichen
Abbildungen
ISBN 978-3-8432-1095-9

Eines weiß Lilia inzwischen ganz sicher: Sandkastenfreund Tom ist der Richtige! Doch mit ihrer Unentschlossenheit hat sie ihn fürs Erste gründlich vergrault. Aber so schnell gibt Lilia nicht auf: Es wäre doch gelacht, wenn sie es nicht schafft, Tom zurückzugewinnen. Als der sich für ein Schulpraktikum auf einer einsamen Insel bewirbt, schließt Lilia sich kurzerhand an. Doch schnell muss sie feststellen, dass es in der Einöde mehr Natur gibt, als ihr lieb ist. Ob zwei Wochen ohne fließend Wasser und zwischen allerhand Getier reichen, um Lilias Liebeschaos endlich aufzulösen?

Kriegt Lilia ihren Tom? In Lilias Tagebuch steht die Antwort.

Baumhaus